伯爵家のしきたり

小笠原敬承斎

GENTOSHA

～はじめに～

小学生の頃だったか、小笠原家にまつわる教えについて、祖母が話をするたびに「時代錯誤なこと」という反抗心が先にたち、素直なこころで耳を傾けられないことがありました。

しかし、時が経つごとに、その教えを積極的に聞いておくべきだったと反省しています。一方で、その思いがあるからこそ、日本人として育むべき「こころ」を一人でも多くの方に伝えたいと強く感じるのかもしれません。

伝統は、何も変化させずに受け継ぐことは困難です。変化をするからこそ、次世代に継承することが可能となるのです。しかし、変えずに受け継ぐべきこともあります。礼法においては、「相手を大切に思うこころ」。それこそが、いつの時代においても、装いから振る舞いなどあらゆることの根源を担っています。

自己を慎み、他者を慮《おもんぱか》ることによって、人間関係が円滑になる。便利な時代だからこそ、相手とのこころの行き違いをなるべく最小限度に止《とど》められるよう、先人たちの知恵を活かすことが求められるのです。

しきたりも同様で、しきたりに縛られる必要はありませんが、しきたりを学ぶことによって、私たちの暮らしがより豊かになることも事実です。

自然の恵みに感謝し、周囲の人々に対する尊敬や感謝の念を忘れないでいることを、しきたりは教えてくれます。すなわち、しきたりを身につけることによって、常に自分は一人で生きているのではないという自覚を持ち、自己を抑制するきっかけを得られるのです。

なぜ、それぞれのしきたりが生まれてきたのか、そこにこそ、しきたりを学び、受け継ぐ意義が存在しています。

読者の皆様におかれましては、本書を活用していただくことが叶《かな》いましたら、幸甚に存じます。

小笠原敬承斎

伯爵家のしきたり 目次

第二章　伯爵家の作法

第三章　伯爵家の歴史

第四章 伯爵家の衣食住

第七章　伯爵家のおもてなし

装幀／石間　淳
写真／田辺エリ
ヘアメイク／きくち好美
撮影協力／小笠原伯爵邸
ＤＴＰ／美創
編集協力／オフィス２０１

第一章

伯爵家の礼儀

伯爵家になった小笠原という家

小笠原は、七百年続く武家の礼法を現代に伝える家です。私が先代からその宗家の任を仰せつかったのは、一九九六年のことでした。

先代、小笠原忠統《ただむね》は、私の祖母、小笠原日英《にちえい》の弟にあたります。

十一人の兄弟姉妹でしたが、長男、次男、三男では対応が大きく異なりました。

たとえば、お正月の祝膳において、**長男は金の家紋入り椀、次男は朱の家紋入り椀**を用いるのですが、それに対して、三男にあたる先代の椀に、家紋は入っていなかったというのです。

また、曽祖父は「御前」、長男は「若様」、先代は「統《むね》さま」か「統さん」と周囲の人から呼ばれていました。立場によってこれほどまでに呼び方が変わってしまうのは、現代では考えられないことです。

それほど兄弟間においても差があったなかで、三男の先代が家督を継ぐことになった理由……。それは、長男が結婚する相手が新劇の女優さんであったため、宮内省宗《そう》秩寮《ちつりよう》（皇族・王族・公族・華族・爵位などに関する事務を司った諸寮のひとつ）からの許可が下りず、爵位を降りて結婚したことにあります。さらに次男は子爵であった分家へ養子縁組をしていたためでした。爵位を捨てた兄の姿は、先代の目に勇敢に映ったと聞いたことがあります。

当時は親族会議、さらには宗族《そうぞく》として清和源氏系の有力者からの承認があったうえで、華族の規律を司る宗秩寮の許可なくして婚約することは許されなかったのでした。家督を継いだ日から、周囲の先代に対する接し方は、呼び方が「統さん」から「御前」に変わるなど、あらゆる点で異なったといいます。

ちなみに、小笠原氏は清和源氏新羅《しんら》三郎義光《さぶろうよしみつ》の流れを汲《く》む初代長清《ながきよ》が、**高倉天皇より小笠原の家名を頂戴《ちようだい》した**のが始まりです。

その後、後醍醐《ごだいご》天皇より、小笠原流中興の祖といわれている貞宗《さだむね》は家紋として「王」の字を賜ったのですが、王の字をそのまま使用することは控え、それを象徴化した三階菱《さんがいびし》を家紋といたしました。

さらに時を経て、寛永《かんえい》九（一六三二）年には九州小倉へ十五万石の大名として移封されたのですが、幼少で家督を継いだ高祖父（曽祖父の父）が高杉晋作らの長州勢に敗れ、落ち延びた先で廃藩置県をむかえ、本家は伯爵となりました。

ところで現在、「小笠原伯爵邸」という名でレストランとして使用されている新宿区河田町の洋館は、もとは小倉藩小笠原家の下屋敷があった敷地に昭和二年に建てられたものです。

曽祖父小笠原長幹《ながよし》が、重要文化財として指定されている慶応義塾大学図書館や東京海上ビルディングなどを設計した戦前最大の民間建築事務所である曽禰中條《そねちゅうじょう》建築事務所に建築を依頼しました。曽祖父は貴族議員として国勢院総裁などを務めており、小笠原流を教授することは一切ありませんでした。

しかしながら、先代は一人でも多くの人に真の礼法を伝えていきたい、との志をもとに**一子相伝の封印を解き、惣領家《そうりようけ》に伝わる礼法の普及に努めた**のです。戦後、日本人は本来持っているはずの「相手を大切に思うこころ」を失いかけていると考えたからです。

伯爵家の当主自らが一般の人々に礼法を指導するなどということは、恐らく曽祖父の代まで考えもしなかったことでしょう。

しかし、時代は変化しています。

伯爵という地位を経験した先代が戦後の混乱期を経て、**古来より続く日本人の相手を慮《おもんばか》る優しいこころ**を育みながら、そのこころを美しく控えめな行動によって表すことの大切さを教授したいと考え、実行したことは自然な流れであったと思います。

また、伯爵を経験したからこそ、礼法を伝える意義を感じたのかもしれません。

一方、近江八幡市にある村雲御所瑞龍寺門跡《むらくもごしょずいりゅうじもんぜき》を経承した祖母は、姉四人、兄一人、弟四人、妹一人の五女として生まれました。

門跡寺院ゆえ、後継者は皇族、華族出身であることが慣《なら》わしであったため、祖母が経承することになったのです。

まず、日蓮宗で尼僧になる場合は、身延山《みのぶさん》の信行《しんぎょう》道場に入るべきところ、瑞龍寺に関して、先代まではこの道場に入らなくてもよいとされていましたが、祖母はあえて入行を望んだといいます。ところが、気持ちとは裏腹に、最初のうちは身体がついていかなかったらしいのです。

自分が通る部屋の開閉は誰かが行ってくれ、掃除はわからないうちにすまされていて、食事は座ると運ばれてくる。服は着せてもらうもので、荷物を持つこともない。そのような家に育った祖母が、毎朝四時の起床で石だらけの山道を素足に下駄を履いて登るのですから、足が絆創膏と湿布だらけになるのも無理はありません。他の尼僧さんたちからは、あまりにも足の裏がやわらかすぎるからだと笑われ、その祖母の姿を見かねて、責任者から足袋《たび》を履く許可が出されたそうです。

その他にも数々の修行を終えたその先には、**荒廃した瑞龍寺を復興するという、さらなる試練**が祖母を待ち受けていたのでした。

華族として育ち、結婚と離婚を経て仏門に入った祖母だからこそ、あらゆる視点からものごとを捉え、強い精神のもとに布教活動を続けられたのではないか、と推察します。

晩年まで、多くの方が山頂にあるお寺を訪ねてくださったのですが、私はその祖母から学んだことは数え切れないほどたくさんあります。

いずれにしても、私は伯爵家での生活を経験していませんが、先代や祖母から学んだこころ構えや振る舞いを含めて、礼法を次世代へと受け継いでいく道を絶やさないように務めていきたいという気持ちは年々高まるばかりです。

古きよきものを大切にしながら、**時代に即した礼法を学び、身につける**ことによって、人間関係が豊かになるということを……。

よりよい人間関係をつくるために

祖母は私が幼少の頃から会うたびに、わかりやすい説明でためになる話を聞かせてくれたものです。

なかでも印象深く、また一般的にも知られている「盲人と象」の話がありますが、読者のみなさまはご存じですか。

象の周りに盲人を立たせてそれぞれの位置から象に触れさせた後、「象はどのようなものか」と聞くと、象の胴に触れた人は「壁のようなもの」と、尾に触れた人は「縄のようなもの」と、足に触れた人は「柱のようなもの」と答えた、という話です。

当然のことながら、**目が不自由でない人にとって、これらの答えは間違っている**と思うでしょう。

初めてこの話を聞いた私も「象は動物だから、壁でも、縄でも、柱でもない」と答えました。祖母からは「それはあなたが象の姿すべてを目で見ることができるからそう思うの。もしも目を閉じた状態で象の一箇所しか触ることができないとしたら、動物園で見るような象の姿を想像できるかしら」と言われました。

その瞬間、盲人の答えを誤りとは言い切れない、そう感じた記憶があります。

たとえば、相手にアドバイスを仰いで真摯《しんし》な気持ちで話を聞いていたとします。しかし、どこかで自分の考えと照らし合わせていて、いつの間にか**自分の言いたいことに話の方向を摩《す》り替えてしまおう**と必死になっている場合があるかもしれません。それでは、相手の方に失礼ですし、時間の無駄というものです。

あるいは、ひとつのことばをお互いに異なる意味で理解してしまい、誤解を生むこともあるでしょう。

以前に先代が小笠原藩ゆかりの地である小倉に滞在した際、身の回りのお世話をしてくれた人に壊れた時計を渡して「この時計をなおしておいて」と頼んだそうです。ところが何日待っても時計が修理から戻ってこないので「あの時計はどうなったのか」と尋ねると、壊れたままの時計が運ばれてきたというのです。驚いた先代は「なぜ修理に出してくれなかったのか」と怒った口調で尋ねると、「なおしておくように」と仰せつかったからです」と相手は驚いた表情で答えたとのこと。二人は話を進めていくうちに、九州において「なおす」は「仕舞う」という意味があることがわかり、ようやく時計は修理に出されたということでした。

ひらがなで書くと同じ発音をすることばであっても、「箸《はし》」「端」「橋」などは**イントネーションの違いで意味が異なる**場合もあります。

自分の思い込みで相手の思いを正しく理解できないままに時が過ぎないように、注意しなければならないこともあります。

また電子メールのやりとりには、あらゆる誤解が生じやすいことに配慮が大切です。まず自己中心的な思いで送信していないかどうかを時折振り返るべきです。

たとえば上司への報告を、むやみに電子メールでするものではありません。急ぎの用件でなければ、**翌日出社後に対面して報告しても十分な内容**であるかもしれないからです。

電子メールの送信は一方的であり、いつ相手が読んでくれるかはわかりません。そのうえパソコンが受信した電子メールを携帯電話へ転送していることも考えられるので、送信時間に対する配慮も欠かせません。だからといって受信した側は返事をしなくてよいわけではなく、返事を要する内容にはできる限り迅速な対応をこころがけましょう。

忙しい相手を煩《わずら》わせないようにと電子メールで用件のやりとりをしようとする気持ちはわからなくもありませんが、温かみを表現することは難しいと心得ておかねばならないと思うのです。

電話でも相手の表情が見えないので対面時と比べて気持ちが伝わりにくいことがありますが、さらにメールはたったひとことのことばが足りないために誤解を生み、冷たい印象まで与える確率も上がります。

時代の流れとともに**手紙から電話へ、電話から電子メールへ**とコミュニケーションの手段は変化していますが、相手と円滑な人間関係を育みたいと願う思いに変わりはありません。だからこそ、礼法が必要となるのです。

「糸くずの教え」から学んだこと

とにかく答えを急いで**白黒はっきりさせようとするせっかちな自分の短所**を振り返ることがあるとき、祖母から聞いた糸くずの教えを思い起こします。

祖母いわく、幼い頃は大変気が短くてかんしゃくもちと周囲の人にいわれていたらしいのですが、悪いことをして親から叱られるまでには時間を要しました。

なぜなら、常日頃から親とこどもが触れあう機会はさほどなかったのです。さらに両親とこどもたちとの部屋は大げさではなく、一般的には何軒もの家が間に建てられているほど離れていたそうです。

また、前述の通りに、祖母や先代は合わせて十一人の兄弟姉妹でした。それぞれを二人の家庭教師と奥女中たちが世話をしていて、誰かが悪いことをすると両親のもとへその情報が届けられました。

ケンカをしたときなどは、悪いと判断されたほうのこどもが母親に呼ばれるしくみがありました。おつきと呼ばれていた奥女中に「お召《めし》でございます」といわれると、一緒に長い畳廊下を歩いて母親の部屋へ向かうのが常でした。

部屋の前に到着するとおつきの人は「松子様をお連れ申しあげました」と伝えます。曽祖母は祖母に「お入り」と声をかけて、祖母はようやく部屋のなかへ入ることが決まりでした。

悪さをした次の瞬間に叱られるわけではないため、こどもながらに自分はなぜ母親に呼ばれたのかをすっかり整理できるまでの時間を与えられることにもなっていて、母親と対面する頃には謝る覚悟ができていました。しかも祖母は自分の短気から起こる理由で叱られることが予期できていたらしいのですが、かしこまって座っている祖母に、曽祖母は絹糸のかたまりを渡して「これをきれいに解《ほど》きなさい」とだけ伝えたようです。なぜ**悪さをしたのかについてのおとがめはなかった**のです。

祖母が語るには、縫い物をしたあとの残り糸を丸めている、いわゆる糸くずのかたまりですから、長短のさまざまな糸がからみあっているものを気短な祖母が容易に解けるはずもありません。とはいうものの曽祖母のいいつけに背くわけにもいわず、仕方なく糸を一本ずつ解き始めます。

ところが、曽祖母の前に置かれた大きな紫檀《したん》の机上に赤、紫、青などの色鮮やかな糸を並べだしてみると、その光景が美しくて大人になってからでも鮮明に覚えているとも話していました。

からんだ糸やネックレスのチェーンなどを解いた経験のある方はおわかりだと思いますが、慌てて解こうとすればするほど、もつれてしまってどうにもなりません。こころを落ち着けて行うしか方法はないわけです。

自分がなぜこのお仕置きを受けなくてはならないかという理由は、十分に理解できているつもり……。でも、どうしてこのような面倒なことを続けなければならないのかと苛立《いらだ》ちを感じながら、また**短気になるとさらに糸はもつれる一方だから**とこころに言い聞かせて一本糸を解く。さらにまた一本……とあらゆる色の糸が机の上に次々に並び始めると糸のかたまりが小さくなるに連れて解きやすくなるので、だんだんと楽しみながら糸を解くことに集中していったとのこと。その間、曽祖母は一度たりとも声を発することはなかったのでした。

ようやくすべての絹糸が並べられる頃には祖母の苛立ちはすっきり気分に変わっていて、笑顔がこぼれ始めます。そこで曽祖母は「行ってよろしい」と告げ、祖母はこども部屋に戻ることができました。

祖母は、これほどまでに効果的なお仕置きはないのではないかと感心していました。このお仕置きのおかげで**ものごとに丁寧に打ち込む癖と、始めたことは最後までやり遂げる根性**ができて、初めから諦めてしまうことはなくなったそうです。

祖母は、「荒廃した瑞龍寺を復興し門跡の仕事を行えているのは母の糸くずの教えがあったからこそ」と感謝の表情で語っていました。また、「このお仕置きを兄弟姉妹のなかで最も多く経験したのは私らしいから、得をしたということね」と笑っていました。

祖母が小笠原家に生まれた頃はまだ大名時代の名残が少なからずあったため、現代のように親子が和気あいあいと接する機会はなかったようです。兄弟姉妹間にひとつの社会がつくられていて、そこから学ぶことは多かったと聞いています。

今年十八歳になる息子を育てる間、曽祖母のようにことばを発さずに時間をかけたお仕置きを思いつくことも、実践することもできませんでしたが、ことばで表現せずとも、こどもへの愛情を表現できることを忘れてはならないと思っています。

糸くずの教えは、何かと**直接的に自分の思いを伝えてしまいやすい**傾向にある昨今にこそ、必要なのかもしれません。

「礼儀」と「作法」は違うもの

「礼儀正しい人」「正しい作法で食事を進める」など、「礼儀」と「作法」は別々に用いられる場合と、「礼儀作法」と合わせて用いられる場合があります。日頃からそれぞれのことばの持つ意味を深く考える状況はほとんどないのではないでしょうか。そこで、「礼儀」と「作法」が持つ意味にふれ、「礼儀作法」の大切さを考えてみたいと思います。

まず、初対面の人とお目にかかる際、**どのような服装がよいか、お土産は持参するほうが好ましいか**、どのような話題で話を進めるべきか……など、対面する前に考慮するべき点が多く存在します。

「礼儀」とは、相手や周囲の人々に対して持つべき「こころ」そのものなのです。

「礼儀」を相手に伝えるために必要となるものが「作法」です。ときに作法は直接的な方法、すなわち目に見えるように伝えるのでなく、間接的に表現されることもあり得ます。「作法」とは、相手へのこころ遣いを的確に伝えることを目的として、身につけておくべき知識（慣習やしきたりなどを含む）、立ち居振る舞い、ことば遣い、身だしなみに至るまで、あらゆる「かたち」を指すのです。

「礼儀」と「作法」を分けて考えると、**礼儀作法というのは決して堅苦しいものでも、一辺倒なものでもない**ことが理解いただけるのではないかと思います。

礼儀作法は、臨機応変であってこそ存在する意義があるのです。

ところで以前、常陸宮《ひたちのみや》様が、祖母が門跡を務める村雲御所《むらくもごしょ》へ立ち寄られたことがあり、その際に小笠原流の門弟たちがお茶を差し上げることになったそうです。そこで先代が指導したことは「宮様に対して会釈《えしゃく》以上の礼をしないように」ということでした。読者の皆様は、「それは非礼なこと」と思われますか。あるいは、それに対してどのような理由を思い浮かべられますか。

当時も「それでは、宮様へ失礼な態度となってしまうのではないのでしょうか」という質問が門弟からあったようですが、先代は次のように説明したのです。

「宮様は山門を登っていらっしゃる間、多くの人々からの挨拶に笑顔でお応えになり、お寺の奥座敷でようやくお休みになるときにまで周囲の人々は深々とお辞儀をする。しかも小笠原流を学ぶ者から仰々しくお茶を出されたのでは、おこころが休まる空間がなくなってしまうとは思わないか。どうしても深いお辞儀がしたいのならば、別室で控えているおつきの方々にしたほうがよい」

結局のところ、宮様と対面しながらも浅いお辞儀に徹することは難しかったと聞いていますが、こうしたこころがけは礼儀作法を身につけるうえで大切なことです。

自己満足に陥ることなく、その状況において、あるいは相手に対して、どのように振る舞うべきかを判断するのは、個々の「こころ」です。せっかく相手を大切に思う「こころ」が存在しているのに、表現方法が過剰であったり、足りなかったりすると、相手に気持ちが届きません。それだけでなく、不快感までも生み出してしまう危険があります。それは、あまりにももったいないことです。

そのような危険性を防ぐためにも、「作法」が必要なのです。なぜなら、**作法は臨機応変に組み合わせることができる**からです。

たとえば、一から百までの作法があったとしても、日常生活において、すべてが必要な状況はほとんどありません。だからといって、たとえ相手へのこころ遣いがあっても、まったく作法を知らない人の振る舞いは自己流です。どこかに不躾《ぶしつけ》な雰囲気をつくってしまうことがあります。

自分の置かれている環境や立場によって、どの作法が必要であるかを見極める判断能力を高めるには、まず初めに基礎となる作法を身につける。そのうえで、「礼儀」のこころ遣いによって、それぞれの作法を組み合わせることが可能となるのです。

「礼儀作法」は、「礼儀」と「作法」のどちらかのみが秀でていても成り立ちません。「こころ」と「かたち」がひとつになってこそ、お互いが活かされます。だからこそ、**礼儀作法は古来より消滅することなく、時代に即して変化しながら受け継がれている**のです。

自然であることがいちばん美しい

よく見られたいと思うがあまり、自分に関することを相手へ過大に伝えてみたり、華美に着飾ってしまうことがあるかもしれません。

反対に、何もしないことが自然体であると錯覚し、まったくお化粧をせずに外出したり、何の配慮もないままに振る舞うことは避けなければなりません。

小笠原流の教えのなかで、**自然であることがいかに大切であるか**を記している伝書の箇所は多く存在しています。お化粧に関する心得として、江戸時代に書かれた『女《じょ》中手鑑《ちゅうてかがみ》』という伝書には、

御けわいの事。うすうすと遊ばされよ。ことに御鼻くちびるに御心を添えられずば見苦しきものにて候。かならずしもはきはきと白くあるべからず。

ぼけやかにうすうすと御ぬぐい白じろしききわにあかあかと

遊ばされ候事……（略）

とあります。お化粧は厚塗りにならず、鼻や唇にはポイントをおくことも大切ではあるが、**白粉《おしろい》を白く塗ったうえに頬紅をあかあかとのせることは避けるべき**だという意味です。

元侯爵の前田《まえだ》利為《としなり》氏の長女でいらした故酒井《さかい》美意子《みいこ》さんは幼少期をロンドンでお過ごしになり、数多くのマナーに関する著書を残していらっしゃいます。美意子さんは、この『女中手鑑』の教えを大切にしてくださったと聞いています。当時百三十人を超えた前田家の使用人は小笠原流を仕込まれていたそうです。美意子さんのご主人が先代と従兄《いとこ》の間柄だったこともあり、日頃の交流のなかでお化粧以外にも数多くの小笠原流の教えをお伝えしたそうです。

さてお化粧に関することといえば、当然のことながら昔は現代と違って、色彩鮮やかなアイシャドーや口紅はありません。白粉の白、紅の赤、まゆを描く墨やお歯黒の黒しか存在していませんでした。それだけにお化粧の技術が磨かれていたとはいえません が、お化粧をしないことは嗜《たしな》みに欠けていると考えられていました。

また昔の照明は暗かったこともあり、屋内と屋外での肌の見え方が異なるため、それぞれの状況に応じてお化粧をする心得が求められていたのです。

また昨今、**ベースメイクは行ったうえで派手にならず自然に見えるお化粧**を支持する人が増えていますが、江戸時代にもそれに似たお化粧法がありました。

しっかりとお化粧の下地をつくったうえで自然に見せる方法が求められていたということは、いつの時代も不自然な雰囲気は嫌われる傾向にあるということなのかもしれません。

ところで、自分に大きな利益がもたらされることばかりに気持ちが傾いてしまうと、それまでは大切にしていたはずの他者に対する配慮に欠けた言動が目に立つようになり、こころの均衡を保てなくなってしまうことがあります。

なぜなら、自分自身を取り繕うことに必死になり、こころのお化粧が厚くなって本来の自分の姿を見失ってしまうからです。素直な気持ちで自己と向き合い、人生をどのように歩んでいくのか、いつの時代に生きようとも、それを忘れてはならないように思います。

どのように生きていくのかという点で、武士の生き方は私たちにさまざまなことを教えてくれます。

まず忘れてはならないことは、時代に即して生活習慣は変化しますが、形式のみならず、人々の気質までも変化させてしまう可能性があるということです。

一例として、武士は、公家の文化に憧れ、**武士でありながらも歌を詠《よ》んだり、楽器を演奏することがありました**が、それによって闘志を失い、公家の気質になってしまう武士たちが存在しました。その問題点に気づいた源 頼朝《みなもとのよりとも》は、公家文化の排除に努め、武士の気質を重視した時代をつくりました。

さらに足利《あしかが》氏が活躍した時代には、公家文化と武家文化を融合させて、生活の規範がつくりあげられていったのです。それによって、心身ともに戦乱を生き抜く強さを身につけるだけでなく、公家から優雅さを学び、足利時代における武士の気質ができあがりました。小笠原流がこの時代に確立されたのには、こうした時代背景があったというわけです。

ものや情報が溢《あふ》れている現代において、それらに踊らされることなく、**自分を見失わずに常に正直に自然体でいる**ことは容易ではありません。だからこそ、自然な生き方が大切に思えて仕方ないのです。

何ごとも、無理は長続きしません。無理のない自然で美しい姿をこころがけたいものです。

第二章

伯爵家の作法

ものごとを大きな視野で見る

私が聞いた範囲での小笠原家の躾《しつけ》についての印象は、ときに自由奔放に思えることがありました。

近頃は喫煙者が減っていますが、祖母のみならず親戚の女性にはたばこを吸う人が少なくありませんでした。

また、昭和初期の乗用車は外国車ばかりだったという時代に数えで十八歳だった祖母の愛用車はメルセデス・ベンツでした。自動車よりも自転車に乗る人が多い時代ですから、運転する姿は珍しがられ「女性の分際で」と運転するたびに周囲からいわれたそうです。

生涯の運転歴約四十年間は無事故だったのですが、**尼僧となってからも運転を続けたた**めに、道行く人の目に祖母の姿は一層珍しく映ったのでした。女性が、あるいは尼僧が車の運転をするとは何事かといわれるたびに、祖母は「人はなぜ『こうでなければならない』と各自の持つ尺度でものごとを判断するのか」と違和感を覚えたといいます。

糸くずの教えの箇所にもあるように、小笠原家に限らず華族と呼ばれる家では常日頃から親がこどものそばにいて躾をする環境が少なかったはずです。当時の一般的なこどもと比べても親を頼るのではなく自己の判断でものごとと向き合い、対処せざるを得なかった状況が多々あったことでしょう。人々が考えるごく普通の躾ではなかったかもしれません。しかし放任主義とは異なるものです。

こどもも**一人前として扱われ信頼されていることがわかると却《かえ》って責任感が芽生える**、そういう類《たぐい》の躾なのです。

過保護が加速してあらゆることに親が関与していると、親はこどものことを何でもわかっていると誤解する場合があるようですが、それは危険なことです。学校や塾に通っている間、友人と過ごす間まで親が見張っているわけにはいきません。そのときにこそこどもがどのように判断して行動するか、判断基準を教える義務が親にはあります。

さらに、親にとってこどもは大切な存在であり誰よりも信頼しているという気持ちを発信し続けながら、**こどもに考える場を持たせる**こと。それがこどものため、ひいては親のためでもあります。

ところで、小笠原家の先祖で小倉十五万石に転封《てんぽう》された際の藩主、忠真《ただざね》の言動について記されている伝書に、こころに融通性を持つことがいかに大事であるかを教えてくれる箇所があります。

小笠原家の菩提《ぼだい》寺《じ》を参詣した際、今でいうところの普茶《ふちゃ》料理を多くの僧侶たちが食べている場面についてのエピソードです。

汁とご飯は銘々の器があるのですが、そのほかのお料理は大きな木鉢に盛ってありました。そこから各々が食べている姿を見て、忠真は「あの大きな鉢に盛ってあるものはなにか」と家来に尋ねました。

そこで家来は「あちらは食事の菜《さい》（おかず）でございます。あのように鉢にひとつに盛り、大勢の人が寄りあって食べることは、唐人《とうじん》のむさい品のない食べ方です」と答えました。

忠真は「そのような無調法なことをいってよいものだろうか。異国の風習で、大勢の人が交わりながらお互いの隔てがなく食事をすることは、真の交流が深いということであろう。むしろ、あなたがむさいといったこころ持ちのほうがむさいことだ」とたしなめたのでした。

清潔感を重んじるゆえに昔は現代と比べ、じか箸《ばし》で食事をすすめる習慣がなかったわけですから、家臣の考え方は常識を逸脱していたとはいえません。しかしながら、そうした時代にあっても家臣の形式ばかりを重んじる浅はかなこころの尺度をたしなめたのです。

地位に関係なく、**こころの交流を大切にしながら食事を進める**ことを素晴らしいと感じられる瞬時の判断と融通性を持つこと。それによって、自分の幸せの領域を広げるチャンスを増やすようにも思えます。

祖母は会うたびに「こころの尺度に固執してはだめ。いつでもものごとを上から大きく見るようにしなさい」と話していました。根底にはこの忠真の教えがあったのかもしれません。

作法を学び知識が増えていくと、少しでも作法から外れた行動を取る人を卑下する人がいます。それは作法を知らない人と同様に、周囲に対して不躾なことです。


無躾は目に立たぬかは躾とて目に立つならばそれも無躾

とは、小笠原流に伝わる教え歌です。まさに、作法を知らないことと同様に**作法を知っていることを目に立たせる言動は相手や周囲に対して不躾である**という意味です。

今までよりもこころの尺度を広げてみることで、自ずと気持ちもゆったりできるのではないでしょうか。

こころが先か、かたちが先か

礼法を学ぶうえで、こころとかたちのどちらを先に身につけるべきか。

礼法の指導を重ねるに連れ、どちらが先と断定することは難しく、また断定するべきことではないと思うようになりました。

礼法を伝えていて痛感するのは、最初から他者を慮るこころが備わっている人だからといって、**美しい所作がすぐに身につくとは限らない**ということです。一方、知識が豊富で立ち居振る舞いも素晴らしいにもかかわらず、周囲へのこころ遣いが足りていない人がいます。

つまり、こころが備わっているからといって短時間でかたちが身につくものではなく、またすぐにかたちが覚えられたとしてこころが備わるものでもありません。

大事なことは、どちらが先であっても最終的に「こころ」と「かたち」が備わることを目標にしながら、それぞれを磨いていこうと意識を持つことです。それには自分に足りない部分に気づくことが、どちらの場合にも欠かせません。

この「気づく」が簡単なようで大変難儀であり、逆に自分で気づくからこそ成長することができます。

また研修などの指導中に思うことは、周囲への目が厳しくすぐに相手を批判する人、細かいところばかりに意識が向きがちな人ほど、実は気づきが薄いように感じます。

恋愛に置き換えて考えてみると、**愛情の表現と受け取り方は千差万別**です。

恋人を信じているつもりでも不安感が募りがちで、自分のことを好きである気持ちを常にことばで表現してほしい人。自分の欲しいものを頻繁にプレゼントしてくれる相手を恋人にしたい人。恋人とはなるべく多くの時間を共有したい人。

お互いの愛情表現や受け取り方に大きな差がなければ問題ありませんが、あまりにも異なる考えの持ち主同士であるとお互いの接点を見つけることができません。互いに歩み寄る努力もないままに時間が経過すると、いつの間にか不満でこころが一杯になってしまいます。

お互いに好意のある恋人の間にでさえ問題があるのですから、学校や仕事場において周囲の人に不快感を与えずに人間関係を円滑にすることは容易ではありません。そこで、なるべく相手や周囲の人が不快に感じないような「かたち」の基準を身につけることが求められるわけです。それこそが作法です。

人はことばのない時代であっても、身振り手振りで意思を相手に伝えようとしてきました。礼法が確立されたあとも先人たちがあらゆる取り組みを重ねながら「美しさ」と「合理性」を追求し、**こころを伝える動作というものを生み出してきた**のです。したがってかたちは漠然と考えられてきたわけではないのですが、どうしても形式的なものに感じられてしまうことがあります。

かたちを身につける過程において、最初はぎこちない動作をしてしまうこともあるでしょう。だからといってすぐに諦めてしまったのでは、身につくものも身につかないまま終わりを迎えてしまいます。

普段はジーンズ姿の人が着物を着る状況においては、意識しなくても振る舞いが普段よりもおしとやかになるはずです。反対に外出着は必ず着物と決めている人が、久しぶりに散歩に出かけるときにジーンズをはいたら、歩幅も普段とは変わり軽快に歩くことができるでしょう。

このように人は状況に応じて振る舞いを変化させる力を持っているのに、すべての状況に対して一辺倒なかたちを用いることによって、生活の楽しさの幅を狭めてしまいかねません。

形式主義は上辺だけの印象になりがちですが、人によっては**正しいかたちを先に身につけてからこころの部分を定着させるほうが早道**な場合もあります。堅苦しさを生んでしまう原因は、かたちを間違えないことばかりに意識が向いてしまうだけでなく、周囲を慮るこころのゆとりが確保できないことも考えられます。

企業研修でお辞儀の練習をするとき、初めのうちは身体の動きが硬く、お辞儀をしている本人からも「違和感がある」と聞くことがしばしばあります。

そんなことを感じながらも毎日、学んだお辞儀を繰り返すことで「上体が猫背になっていないか」「手の動きは自然にできているか」などと一つひとつのかたちを気にすることなく、**相手にこころを傾けて挨拶ができる**ようになったという喜びの声を多くいただきます。

こころが先でも、かたちが先でもよいのです。自分のこころを確実に相手に届けられるよう、こころとかたちを身につけましょう。

相手に合わせるのが本来のマナー

再三再四「作法が堅苦しいものではない」と語ってきました。さらに理解を深めていただくために、先代から聞いたいくつかのエピソードをご紹介します。

礼法のカリキュラムには、弔事に関する心得も含まれており、そのなかには焼香のしかたについての指導もあります。

慶事と違って、**悲しみの席というのは突然やってくる**ものですから、普段から心得を身につけておくことは必要です。しかし、作法の手順のみに止まってしまうことは好ましくありません。

あるとき、先代に対して「先月のお稽古でお焼香の作法を教えていただきましたが、それが大変役立ちました。というのも、お稽古から間もなくしてから友人が亡くなり、告別式に伺った際に間違えることなくお焼香を行うことができました。感謝しています」と門弟が伝えました。

先代は「何と嘆かわしいことか」ということばに続けて、「焼香のしかたを間違えないようにということに執着していた気持ちは、作法を知らない人よりも故人や遺族に対して失礼なことである」と強く門弟を戒《いまし》めたのでした。

本人のことばにあるようにその門弟の振る舞いは、焼香の基本的な作法の手順として間違いはなかったのでしょう。しかし頭のなかでは焼香の手順ばかりを追いかけていたのであろうことが想像できます。

そもそも葬儀の席ではなぜお焼香をするのか――。

焼香は**故人を思い、何よりも冥福を祈るため**のものです。それを忘れて間違いのないように手順を気にかけるこころ持ちは、作法を知らない人よりも質《たち》の悪いものです。

先代はこの話をするとき「焼香の作法を知らなくても、故人の逝去を悼み、悲しみのあまり抹香をこぼしてしまうほうが遺族にも気持ちが伝わるであろう」と口癖のように他の門弟に伝えていました。

形式にだけとらわれている段階では、作法を活かせてはいないことになります。作法の根底には「こころ」があり、形式はそのうえにあってこそ礼法は成り立ちます。

さて、先代の知人で長きにわたって外交官を務められ、海外での生活のご経験から洋食のマナーについての心得にも通じている方がいらっしゃいました。

あるとき先代が時折訪れていたフレンチレストランにおいてその方と偶然お会いした際、驚いたことにお箸で食事を進めていらしたというのです。同席者に目を向けるとお年を召した方であったため、元外交官の方は、ご老人への配慮から一緒にお箸を用いていたのであろうことを先代は推察したということでした。

この話にも通じる有名な逸話があります。

イギリスのある国王が中東のサルタンと食事を共にしたときのことです。洋食のマナーに精通していないサルタンはフィンガーボールの水を飲んでしまい、周囲の人々が息を飲んだ瞬間、**イギリスの国王はフィンガーボールを取り上げて水を飲み干した**のです。

マナーだけを切り取って考えたら、フランス料理をお箸で食べること、フィンガーボールの水を飲むこと、どちらもして無作法なことと判断されるでしょう。

しかし、マナーや作法はある固定された枠に相手や自分を当てはめて、合っているとか間違っているなどの答えを出すために存在しているわけではありません。あくまでも和洋問わず食事の心得というのはお互いが楽しく過ごすためのツールです。それを忘れ、形式のみを重んじてしまうと、元外交官の方やイギリスの国王のような臨機応変な振る舞いができず、相手に気持ちのうえでの負担を与えてしまいます。

ところで、**苺《いちご》はナイフで切ってフォークで食べる**ことが習慣だったのですが、小学校の頃に「苺はフォークでつぶしてお砂糖と牛乳をかけて食べると美味《おい》しいのよ」と祖母が教えてくれました。「そのようなことをしてもよいのかしら」と驚きながらも、祖母に言われた通りに苺をつぶしてみました。牛乳に苺の色が移り始めると器のなか一面がピンク色に変わります。一口食べてみると、それまでの苺の食感とは異なった美味しさで嬉しくなったことを覚えています。

最初のうちは正式なかたちを身につけ、それが無理なく自然に行えるようになると、今度はそのかたちを変化させることを覚える。苺の食べ方に限らず、かたちの応用を祖母は自然に学び取らせてくれたことに感謝しています。

理由がわかれば、あらゆる場に役立つ

前項に作法は堅苦しくないことを記しましたが、そもそも作法がそう捉えられてしまうのには「理由」が理解されていないからです。

何事によらず、ものごとは理由がわかれば応用が利きます。しかし理由がわからないままに知識のみを積み上げて一辺倒な答えを出してしまうと、一瞬の判断ミスから知識の山は崩れ落ち、作法を身につけた意味がなくなることすらあるでしょう。

小笠原流を学んでいる人、あるいは学んだことのある人から、**作法の理由を理解すると実生活のあらゆる場面で役立てることができる**、と聞くことが頻繁にあります。なぜその作法ができあがったのかという背景すべてに「こころ」が存在するからこそ応用が利くわけです。

物心ついた頃から食事の最中に器を置くとき、必ず器の底を一点テーブルにつけてから全体をつける。すなわち**ものを置くときには二段構えでするものだ**と教えられてきました。

あるとき「最初から器の底全体をつけてはいけないのはなぜ？」という問いに祖母はまず、器を勢いよくテーブルの上に置いてみせました。すると「トン」と音がなり、「ほらね。いっぺんに置いたら音がするでしょ。音がすると周りの人に余計な気遣いをさせることにもなるし、何よりも煩《わずら》わしいと思わない？」という祖母の問いかけに、私は頷《うなず》くばかりでした。「器は割れる可能性があるのだから、丁寧に扱わないと周りの人に危険を及ぼしかねない」とも説明してくれました。

必要以上の音は不快感をつくり出す、周囲に危険なことは未然に防ぐ、どちらも当たり前のことですが、こうした意識が温かい雰囲気をつくるものです。

さて、小笠原の祖先のエピソードに、贈答の心得として伝書にも記されている一説があります。

祖先が上京し、将軍に近侍《きんじ》していたときのこと。ある人から十の茄子《なす》が献上されたところ、祖先は七つ手元に残し、三つだけ将軍に進上しました。そばにいた人が、なぜ三個のみ将軍のお目にかけたのかと尋ねたのです。読者の皆様は、この理由をどのようにお考えになりますか。

「初物《はつもの》など数多く進上しては初物というしるしなし」

これが祖先の答えです。

当時は茄子が希少価値の高いものだったため、量を減らしてその価値を尊ぶこと、さらには季節の先取りを楽しむには慎ましい数のほうが季節感を楽しんでいただけるであろう、という細やかな配慮のもとに取られた行動だったのです。

贈答品を選ぶ際に数を多く差し上げることが礼を尽くしていると考えられがちですが、受け取る側としては**少ない数だからこそ、価値の高さを実感できる**場合があるのです。祖先のことばにもある通り、品数は少ないほうがよい理由がわかると、今まで以上に受け取る側の立場で品選びをすることができると思います。

また昔から「六日の菖蒲《しょうぶ》、十日の菊」といわれる理由に日本人らしさを感じることができますし、日本人が季節の先取りを好んできたことにも理由があります。私たちは、春、夏、秋、冬の四季に応じて袷《あわせ》の着物や薄物などを使い分けて季節感を楽しんできましたが、そこにも控えめな気遣いが存在するのです。

たとえば紅葉《もみじ》が盛りになる頃に、紅葉の図柄の着物は用いません。自然の壮大さや美しさに勝るわけがないという控えめな思いがあるからです。本物の紅葉と勝負するのではなく、紅葉の時期よりも前にそのような図柄の着物を着て楽しむわけです。それぞれの季節のピークではなく、季節から季節の移ろいを好む慎ましいこころこそ、「日本人らしさ」といえるのかもしれません。

また、花を飾るときには一日でも決まった日を外れることは縁起のうえから好ましくないという考えもあります。そのため、五月五日の端午《たんご》の節供《せっく》を過ぎたあとの菖蒲、**九月九日の重陽《ちょうよう》の節供を過ぎたあとの菊は飾ることがない**のです。

思い起こしてみると、祖母のお寺に遊びに行くと必ず客間には季節を早取りした草花が花器に活けられていました。そのたびに祖母は花の名前を教えてくれ、季節感を生活に取り込むことを教えてくれたものです。

すべての振る舞いやこころ遣いには理由があります。あえてことばや行動で自分の思いを直接的に表現しないこともありますが、それも作法のひとつです。

若々しさは正しい姿勢があってこそ

猫背は最も格好の悪い姿、とは祖母の口癖でした。食事中に少しでも前屈《まえかが》みになると、「背が丸くなっている」と父から叱られたものです。姿勢が多少悪くても困ることなんてないのに……と、こころのなかで反発したこともありました。

しかし大人になるに連れて、**姿勢が正しい人の姿は見ていて美しい**、と感じるたびに反抗心は薄れ、積極的に姿勢を正したいと思えるようになりました。

正しい姿勢というのは無理に背筋を伸ばしてかたちをつくることではなく、自然であることが大切です。

講演や研修の際、参加されている方々に「姿勢を正してください」とお伝えすると、ほとんどの方は背筋を伸ばすことを意識なさるように見受けられます。すると、背筋全体に力が加わりすぎてしまい、かえって堅苦しさをつくってしまうのです。それでは見た目にも不自然ですし、姿勢を保っていること自体が辛《つら》くなってしまって長続きしません。

姿勢のつくり方のポイントを意識して、無理のない姿勢をつくってみましょう。まず髪の毛を上から引っ張られ、背骨を腰に突き刺すイメージで上体を伸ばします。このとき、左右の肩甲骨《けんこうこつ》を少々引き寄せると肩が上がってしまうことがなく、首に余分な力を加えることもありません。

立っているときは頭の重さが土踏まずに落ちるイメージを持ち、左右の踵《かかと》とつま先はぴったりと合わせます（男性はつま先を少々開きます）。

椅子に座っているときは**女性ならばスカートでもパンツでも左右の膝《ひざ》をつけます**（男性は座っている際に一拳分程度、膝の間に空間を保ちます）。

両手は指を揃えて軽く丸みを持たせます。立っているときは身体の脇に下ろし、改まった状況下で椅子に座っているときや正座のときは腿《もも》の上に自分から見てハの字になるように置きます。

ハの字に置くとどうしても肘《ひじ》を張ってしまいがちですので、女性は堅苦しく見えないように注意してください。

猫背になると顎《あご》が前に出てしまう人が多いので、顎は引き気味にとこころがけるとよいでしょう。猫背は見た目の問題だけではなく身体のバランスを崩し、健康を害す原因にもなります。

現代では和室で生活をする人が少なくなっていますが、正座についても軽く触れておきたいと思います。

正座で気になることといえば足のしびれですが、それをなるべく防ぐには身体の重みを踵に落とさないことです。

正座のときには**お尻と踵の間に紙が一枚はさまれているようなつもりでいる**こと、というのは小笠原流の教えです。椅子に座っているときと比べて正座は後ろ姿も目立ちやすいのです。美しさを保つこともさることながら人に不快感を与えないようにするには左右の足の親指を三、四センチほど重ねることも忘れてはなりません。

ところで電車に乗ると実感するのは、膝をつけて座っている女性の姿を探すことが年々困難になっていることです。両足を前方へ投げ出して座ることで、人に迷惑をかけているという意識がない人も少なくありません。

また、ベビーカーにこどもを乗せて外出するべきでないとはいいませんが、週末の百貨店など混雑が予想される場でまったく周囲を気遣うことなく、多くのスペースをベビーカーで占領しながら行動することは控えるべきではないでしょうか。自分が使用するスペースは、必要最低限にすることが公の場における配慮です。

さらに、美しい姿勢は優しい表情がともなってこそ完成するものです。

辛く悲しい気分でいると、いつの間にか眉間にしわを寄せて前屈みになりやすいものです。そうしたときこそ背筋を伸ばし、明るい表情をこころがけましょう。

こころと身体はどちらか片方、具合が悪くなるともう片方まで元気が失《う》せてしまうことがあります。少しくらい**無理をしてでも笑顔をつくり姿勢を正す**ことが、心身のバランスを保つことに繋《つな》がる場合もあるのです。

また、若く見えることがすべてではありませんが、実年齢よりも若くお見受けする方はどなたも姿勢が正しくはつらつとしています。ストレスを溜《た》めずにこころに平穏を保ち、穏やかな精神状態をつくることも姿勢には必要です。

小笠原流では正しい姿勢のことを「生気体《せいきたい》」、悪い姿勢のことを「死気体《しきたい》」と呼びます。

姿勢はあらゆる動作の基本でもあり、また**生気体を身につけることによって気分が明るくなる**きっかけにもなるので、ぜひ美しい姿勢をこころがけていただきたいと思います。

挨拶はお辞儀とことばを別々に

日本中の人にひとつだけ所作を教える機会があるとしたら何を指導しますか、と問われたら迷わず「お辞儀です」と答えます。

その理由は、私たちの生活にお辞儀は欠かすことのできない所作であるにもかかわらず、お辞儀を大切にしていない人があまりにも多いからです。大切に思っていないからこそ、無意識のうちに何度も上体を下げ、**米搗《こめつ》きバッタといわれてしまうような格好の悪いお辞儀**をすることにもなるのです。

小笠原家のこどもたちは、小さな頃から姿勢とともにお辞儀を厳しく躾《しつ》けられたそうです。その教えが父に伝授されていたのか、私もお辞儀や挨拶に関してはかなり厳しく注意されました。

最も指摘される頻度が多かったのは「お辞儀と挨拶の口上を同時に行ってしまう」

ことです。

今まで挨拶をするときに、お辞儀とことばを別々に行う意識を持ったことがない、という読者の方も多くいらっしゃるのではないかと思います。それが間違いであるということでもありません。

しかし、「お辞儀」にも「ことば」にも相手を大切に思うこころを込めて行うには、別々に行うほうが賢明です。お辞儀をしながらことばを述べると、どうしてもどちらかがお座なりになってしまうと心得ましょう。

さて、お辞儀はことばを用いなくても、ある程度の気持ちを表現できる非言語的コミュニケーションの代表的なものです。相手に対する感謝や敬意の念を示すには、**最後までお辞儀にこころを込める**ことが欠かせません。

ところが一般的に、頭が下がるところまでは気持ちが込められていても、もとの姿勢に戻る頃にはこころが離れてしまっているお辞儀が行われていることが残念に思えて仕方ないのです。

そのようなお辞儀は、正しい息遣いを身につけることによって改善することができます。「お辞儀のたびに息遣いを意識するのは面倒」などと思われる前に、しばらくの間、ぜひ次の息遣いを取り入れていただきたいと思います。それにより、お辞儀が丁寧になるだけでなく、正しい姿勢を保つこともできます。

①まず息を吸いながら上体を倒します。
②次に身体の動きが止まったところで息を吐きます。
③再度息を吸いながら上体を起こします。

小笠原流ではこの息遣いを「礼三息《れいさんそく》」と呼んでいます。
礼三息は立礼《りつれい》（立った状態でのお辞儀）だけでなく、座礼《ざれい》（正座の状態でのお辞儀）にも有効です。

もうひとつお辞儀に欠かせないことは「残心《ざんしん》」と呼ばれる、お辞儀をしたあとに最後までこころを残しておくという配慮です。

女性の場合、**お辞儀の最中に髪の毛が前方に垂れてくる**ことが気になってしまい、上体がもとに戻るまでに手を髪に持っていく人が実に多く見られます。それはこころ配りがいい加減になっている証拠であり、残心を忘れているということです。

自宅を出る前に鏡の前で一度お辞儀をし、髪の毛が気になるようであればスプレーで前髪を固めるなり、ピンを持参するなどの気遣いは社会人として当然のことです。特に食事の席において、**髪の毛を触る頻度が多いと不潔な印象を与えます**ので未然に防ぐ準備をしておきましょう。

十代の頃から小笠原家に勤めていた女中さんで、祖母が亡くなるまで身の回りの世話をしてくれた人がいました。祖母が亡くなった後に、勤めて間もない頃は恥ずかしい気持ちがあってきちんとした挨拶ができなかった、しかし祖母と過ごす時間が増すごとに気持ちが明るくなって自分から挨拶ができるようになり感謝している、とその女性が祖母の思い出を語ってくれたことがありました。

その話を聞いたとき、挨拶というのはただ頭を下げて「おはようございます」とことばを伝えればよいものではないと深く感じいった次第です。

また残心にも通じますが、お辞儀には「間」を取ることが肝心で、「間」はこころにゆとりがなければ生まれるものではありません。「間」によって、見えないこころを相手に届けることができるともいえます。

お辞儀をしてからことばを述べる、あるいはことばを述べてからお辞儀をする。いずれにしても、**お辞儀とことばのそれぞれに思いをのせて丁寧な挨拶を行う**ことが周囲の人との和を繋ぐきっかけになることでしょう。

気持ちも振る舞いもゆったりと

東京に住み、出張で地方に出かけて東京に戻るたび、人々が忙《せわ》しなく歩き、行動していることを実感します。

以前あるテレビ番組で、外国人から見た日本人の行動で驚くことのひとつに、スクランブル交差点が成り立つことが挙げられていました。外国であればあらゆる角度から歩いてくる対向者をすべて避《よ》けながら横断歩道を渡ることなど考えられないから、というのです。「なるほど」と頷きながらも「日本人であっても昔に比べると人を避けずに直進する人が増えているのではないか」との思いが過《よぎ》りました。

とにかく**自己中心的な人が増えている**ことは事実です。周囲への気遣いが疎《おろそ》かになっていることに誰もが気づき、改めるべきではないかと思えてなりません。周囲の人への思いやりを持つには、前述にもあるようにこころのゆとりが必要です。

ゆとりを持つには、どうしたらよいのか。

こころに自信を持つべきではないかと考えています。説明するまでもなく自己をひけらかす観点からの自信ではなく、相手のことを受け止めるための自信です。

他者の悲しみは比較的、気持ちを察することができるのに、**他者の幸せはときとして嫉妬のこころが芽生えてしまう**ことがある。そうした厄介な気持ちは、自己に自信があれば生まれることはないのです。

仕事でなかなか成果を収められない人にとって、同僚の昇進をこころから祝う気持ちになれないかもしれません。あるいは、同じ大学への入学を志す者同士が一緒に合格できれば問題ありませんが、一人が合格して一人が残念な結果に終わったとしたら、二人が同じ思いを共有することはできるでしょうか。

しかし、どのようなケースにおいても、まったく違う分野であっても、たとえばスポーツや趣味の世界などにおいて自信を持てる何かがあれば、他者の喜びを受け止めるゆとりを育むことができると思うのです。

ゆとりは、幸せな気持ちを増幅するためのエッセンスとも言い換えられます。振る舞いに関しても、お辞儀のみならずあらゆることにゆとりは欠かせません。

小笠原流の伝書に『請け取り渡しの次第』というものがあり、**ものの受け渡しに関する作法**について記されています。大名に仕える家臣が相手の家臣に本を手渡す際、どのように振る舞ったらよいかということについても複雑な手順が示されています。しかし、伝えたいことは単なる手順そのものではありません。それぞれの振る舞いの根底には相手の大名が読みやすいようにというこころ遣いがあり、お互いがこころを通わせるためのタイミングについての配慮が説明されているのです。

相手の立場で考え、危険が及ばないように注意し、相手が使いやすく、受け取りやすく、見やすく、さらに取り落としてしまうことのないように。このような気遣いを忘れることなく振る舞えば、扱うものの大きさや重さが異なっても、相手に負担をかけることがないのです。

頭のなかだけでどうすると相手に不快な思いを届けなくてすむのだろうか、と思いを巡らせても自然な振る舞いができるわけがありません。こころで答えを出してこそ、目に立つことのない行動が取れるのです。小笠原家に伝わる教え歌に、

何にても柄《え》のあるものを渡すには柄をその人の右になすべし

とあります。現代にも、靴べら、扇子、傘、ヘアドライヤー、ヘアブラシなど柄のついているものはさまざまあります。

柄のあるものを二つ以上運ぶとき、たとえばヘアドライヤーとヘアブラシを同時に持っていくとするならば、**相手の左にドライヤー、右にブラシを置く**ことが使う人の立場で考えた置き方です。このような臨機応変な振る舞いは、こころのゆとりからつくられるものです。

こころが忙しないとき、振る舞いも忙しなくなっているはずです。こころが落ち着かないと、ミスも起こりやすくなるものです。話をする速度、歩く速度、食べる速度、あらゆる速度を少しだけゆっくりしてみる。忙しいときこそ、ゆったりとした気持ちで過ごすことが大切なのではないでしょうか。

第三章

伯爵家の歴史

室町時代につくられた小笠原流礼法

礼法は、中国から伝わった儒教の影響を色濃く受けています。一例として、聖徳太子がつくったとされる十七条憲法にある「和を以《も》って貴しと為《な》す」は、孔子《こうし》の弟子であった有若《ゆうじゃく》のことば「礼はこれ和を用うるを貴しとなす」と気脈を通じます。

こうした精神をもとに貴族に浸透していた礼儀作法は、前にも記したように**鎌倉期から社会的な地位を確立していった武士**によって新たな文化として生み出されました。他者の迷惑にならないことを目的に活用される礼法ではありますが、基準が不可欠です。

つまり、相手へのこころ遣いがありさえすればよいとなると、受け止める側の価値観は個々に異なるゆえ、ときに無礼であると判断されてしまう可能性があります。こころの行き違いは最小限度に止めなければなりません。そこで礼法の体系化が進み、現代へと受け継がれてきたわけです。

理発を表へたつれば人のにくみをうけて害をあおぐ基《もと》なり

という伝書の一説は、自分の能力をひけらかすようなことをすると、周囲の人から反感を買い、トラブルのもとになりかねないことを示しています。武士の人間関係のなかで考えられた教えのひとつではありますが、現代の社会生活においても心得ておくべきことといえましょう。

小笠原家に嫁いだ曽祖母の叔父で、昭和まで生きた最後の大名、といわれた浅野《あさの》長勲《ながこと》にまつわる話を先代や祖母から聞いたことがあります。

当時、大名の食膳に虫の死骸が入っていたことがあったそうです。そのことが周囲の人にわかってしまうと**料理人は切腹をするほどの騒ぎになってしまうので無理にご飯とともに飲み込んでしまったら**しいのです。あらゆる点で身分や上下関係がはっきりしていたこの時代、部下のミスを明らかにせずに見過ごすこころの広さが上に立つ者には求められていたことが推測できます。

問題が起こると他者の所為《せい》にしてしまいがちではありますが、このような武士の潔さを私たちは積極的に見直すべきではないかと思います。

お辞儀に関しても、武家社会から生まれた特有の意味があります。日ごろ行っているお辞儀は、丁寧にすればするほど自分の急所である頭を深く下げます。平穏な時代であれば、命を狙われることなど気にする必要がありません。

しかし**死と隣り合わせに生きていた武士が頭を下げる行為**は、相手に対してこころを開いている大きな証《あかし》であったことを示します。

さて、小笠原流の所作として誤解されてきたことのひとつに座礼が挙げられます。昨今でも稀《まれ》ではありますが「お辞儀をするときに三つ指をついて行うのが正しいと学校で教わりました」などと年配の方から伺うことがあるのです。

ところが、実際にこのようにお辞儀をすると不自然な動きをすることになってしまいます。第二章でご紹介したように、身体に無理のない動きでなければお辞儀をする意味がなく、意味のない動作は存在する意義がないのです。

ところで、女性が男性と歩くとき、女性は左右どちら側を歩くのが好ましいでしょうか。基本的に日本において人は右側通行ですので、左は車に近い側になるため危険。したがって、男性は左側を歩き、安全な右側を女性が歩きます。

武士は身分の高い人と同行するときには、半歩下がった右側を歩くことができまりでした。その理由のひとつは、**相手の右側に居ることはご主人を切りつける反逆心を持っていない**ことを示す。つまり、相手の左側にいると太刀を抜きやすい状態にあるわけです。ご主人を危険から守りながら、忠誠心を表すことまでも考えなければならなかった時代に確立された礼法から学ぶことは実に多くあります。

現代において「美」に対する意識は高まっていますが、美意識は多様化しているように感じます。また、ものが豊かでなかった時代、人の美しさは「こころ」に求められていたように思います。現代では外見ばかりを磨いて美しさを求める人の割合が高まっているのではないでしょうか。

武士がつくりあげた文化を現代に活かし、心身ともに美しい人を目指して成長していきたいものです。

同じ動作を繰り返すことで身につく

礼法の教室に入門してくる生徒のなかには、「なぜ同じ動作を何度も練習しなければならないのか」という疑問を抱く人もいるようです。ところが学ぶ期間が長くなればなるほど、**何度も練習することの大切さ**を実感するとも聞きます。

先日、ある雑誌の取材を受けた際「以前にお箸の持ち方を教えていただきましたが、気を抜くともともとの間違った持ち方になってしまいます。長年の習慣は恐ろしいものですね」と伺いました。繰り返すことの意味は、ここにあるのです。

無意識でもその場の状況に応じた振る舞いができるようになるには、繰り返すことが必須です。特に和室においての所作は、突然身につくものではありません。

ここで、上座《じょうざ》と下座《げざ》について少々ご説明したいと思います。

まず、立った状態から正座になるときの動作について。

①下座足《げざあし》（床の間から遠い側または出入り口に近い側の足、あるいは相手から遠い側の足）を半歩引く。
②引いた足、引かなかった足の順で左右の膝を床に着ける。
③跪座《きざ》（足のつま先を折り立てた状態。左右の踵《かかと》とつま先をつけた真上に腰を落ち着かせる）になる。
④片方ずつ踵を倒して正座になる。
正座から立つときは次の通りです。
①正座から跪座になる。
②下座足を半歩ほど前に踏み出す。
③上体を揺らさないように注意しながら徐々に立ち上がる。
④立ちきるまでに後ろに残った足を前に運び足を揃える。
自分の座る位置や人の座っている位置によって上座足と下座足が入れ替わることもあるため、瞬時にそれらを見極めて振る舞う力が求められます。お客様にお茶の運び出しをするときなど、**行きと帰りとでは上座足と下座足が異なる**場合が多く、これが

なかなか難しいのです。

基本的に床の間に近い側は上座と考えますが、時により変わる場合があります。たとえば、**床の間とはまったく逆の側に敬うべき方が座っている**とします。日常では何よりも人を第一として考えるため、上座と下座が一転するわけです。

部屋のつくりやお客様の座っている位置によって、「どちらの足を引いて座るとよいのかしら」と常に頭で考えてから行動すると、数秒ではあるものの必要のない「間」ができてしまいます。

考えもなしに行動するよりは、間ができることのほうが相手へのこころ遣いを感じますが、なるべくなら流れるような動作をこころがけたいものです。それには、身につくまでの間は常日頃から上座と下座を意識して行動することです。

もっと身近な例を挙げると、普段は部屋のなかを走り回っても叱ることのないこどもに対して、改まった席で突然「静かにしなさい」と厳しく怒ったところでいうことを聞くわけがないことにも通じます。

あるいは、席を立つときにも普段の行いが表れてしまうことがあります。パーティや会食の席でたびたび目にする光景です。はじめは丁寧なことば遣いで品格を保つようにこころがけている人が、椅子から立ち上がったあと無造作に椅子をそのままの状態にして席を離れることが少なくありません。

見えるところや気づくところには注意を傾けていても、予想していなかった行動に対しては残念ながらありのままの姿が出てしまうのです。

先日、礼法の教室を見学した知人から「先生と生徒の皆さんは同じ所作をしているのにどこかに違いを感じ、帰宅してからその違いをずっと考えていた。恐らくこころを伴ってゆとりあるなかで行動しているか、まだかたちを身につけている段階で行動しているかの違いなのではないだろうか」と感想を伺いました。

美しい動作を身につけるためには、**同じ動作やこころ遣いを何度も繰り返すように日々こころがける**ことが不可欠です。

無意識でありながら、周囲の人々に思いやりを持ちながら自然に行動できるようになるまでには、たゆまぬ努力と素直なこころを持ち続けること。それが礼儀作法を身につけるうえで何よりも大事であると忘れないでいただきたいと思います。

花嫁衣裳の白は死をも覚悟した色

男尊女卑が存在していた武家社会において、女性は家で家事をして子育てをする、単に弱い立場であったのだろうと想像する方もいらっしゃるでしょう。

しかし女性の真の強さを信頼していたからこそ、男性は安心して働くことができたのではないかと思います。なぜなら、夫が出陣している間は家庭におけるすべての事柄は、妻が仕切らなければならなかったからです。

こどもへの躾や教育に関する一切を司るのもさることながら、主君を持たない女性は自己防衛と家族を守るために、主君に仕える女性は城を守るために、薙刀《なぎなた》を持って勇敢に敵と戦うこともあれば、**懐剣《かいけん》で自らの命を絶つ勇気も兼ね備えていた**のです。

女性であっても自害する方法がわからないことは恥とも考えられ、貞操を守るためには身を挺《てい》して自決の道を選んだのでした。

小笠原流では扇子《せんす》の要《かなめ》は刀の先と同じように扱うという心得があるのですが、実際に扇子は身を守る最終的な道具でした。武家に嫁ぐ女性は花嫁衣裳にかならず扇子を身につけたともいわれています。

和装の花嫁衣裳といえば白無垢《しろむく》です。室町時代の花嫁衣裳も白い着物でしたが、この白には深い意味が込められていることをご存じですか。

一般的には「白は婚家の色に染まることを示す」「花嫁の清浄潔白なこころを表す」などという説もありますが、白は死装束であることを忘れてはなりません。

おめでたい結婚の装いと死装束になぜ接点があるのか。それは、**死装束でもある白が花嫁の覚悟を表している**のです。

嫁入りは惣別《そうべつ》死にたるもののまねをするなり。輿《こし》も蔀《しとみ》よりよせ白物を着せて出すなり

と伝書にあります。亡くなった人と同様に白の着物をまとい、死者の出棺のように

輿を出したのです。伝書の続きには、葬儀と同様に門火《かどび》をたくとも記されています。

顔も見たことのない、親同士が決めた相手と結婚することが当たり前であった時代において、花嫁は二度と実家には戻らず親とは縁を切った覚悟で嫁ぐことが大事とされました。そのくらい花嫁には決死の思いがあったということです。

この頃の結婚式は、現代とは違って花嫁が実家から輿や馬で花婿の家に向かい、花婿の家で夫婦固めの式が行われました。特に**大名の結婚は、他国へお嫁入りをする大きな行事だった**ため、実家から出た輿を花婿方に受け渡すのにも取り決めがありました。国元から数人の女房（皇族や貴顕《きけん》などに仕える女官）たちと小者《こもの》などがおつきで同行していたものの、他国へ嫁ぐ花嫁はどれほど心細かったでしょう。

しかも、輿の受け渡しのときに警護が手薄になる隙をつき、花嫁が敵国の者に拉致されることもあったらしいのです。こうした身の危険まで覚悟をして嫁いだことからも、女性のこころの強さはいかばかりかと拝察できます。

女性はこのような勇ましさを持っていた一方、詩歌《しいか》を学び、本を読み、舞を身につけるなど、文化への造詣を深め、女性らしくしとやかに生きることも大切にしていました。その目的は、自分をひけらかすことではありません。ただ単に芸事を習得して極めればよい、ということでもありません。気持ちを静めて芸事に向き合うことにより、こころを清めようとしたのです。

ある証文に書ける。女の進退のこと　大かた　若き時は父に従い　人となっては夫に従い　老いては子に従うなり。これを三従と申すなり

と伝書にあるのですが、武家に関わる女性たちは、父、夫、子に対して自己を捨てて尽くすことを重んじたのです。恐らくそのこころがけは、**夫が主君に尽くし、ときには命を捧げた**ことにも似ており、そうした生き方を全うすることこそが女性の名誉ともいえたのでしょう。

武家の女性としての役割、それは優しく夫を支え、温かなこころで子を育てることであり、その役割を果たすことは国を支えることにも繋がったのです。現代においても、強さとやさしさを兼ね備えた女性を目指す人が増えてほしいものです。

昔の女性には「柔らかさ」があった

昔と今の女性とを比べたとき、明らかな違いは男性を立てる女性が少なくなったことではないかと思います。内助の功ということばを昨今では耳にする機会がほとんどなく、女性は男性を立てる控えめな姿を忘れてしまったかのようです。

女性が社会に進出するために、ある程度の女性らしさを捨てて内外ともに強い印象を相手に与えるくらいでないと難しい時代も過去にはありました。

しかし、女性が社会的に責任のある立場になることが可能となった昨今においては、**女性の柔らかさを改めて見直し、大切にするべき**ではないでしょうか。

前項でも触れた伝書の続きには、

まず女はいかにもこころやわらかにあるべし。そもそも日本国は和国とて

女の治め侍るべき国なり

とあります。さらに天照大神《あまてらすおおみかみ》、神功皇后《じんぐうこうごう》、推古天皇《すいこてんのう》を始めとした女帝、北条政子《ほうじょうまさこ》までも例に挙げて、

されば男女によるべからず。こころうかうかしからず。正直にたよりたしかならん人肝要たるべしと見えたり

とも記されているのです。古来より日本では女性が上位の立場で人々を統率していた時代もあるわけですから、結局のところは男女の差ではなく、うわついていない正直で頼りがいのある人が重要であるということです。

この教えが室町時代に記されたということは、**自己を抑制し、他者を慮《おもんぱか》り、周囲から信頼される**ことが人として求められていたということです。封建制度が厳しく民衆にまで及んでいた江戸時代と比べると、男女のあり方については柔軟な思想が存在

していたことがわかります。

そこで、現代の女性にも外見的な女性としての美しさだけを追い求めるのではなく、昔のように内面的な女性としての魅力を向上させたいという意識を高めていただきたいと思うのです。

それには室町期の女性のように、読書を好み、音楽に触れ、美術品を鑑賞するなど、身近なところで文化に触れる機会を持ち、こころを浄化できるものを見つけることではないでしょうか。

振る舞いについては、もっと女性らしい動きをするべきではないかと思うことが多々あります。若い世代の人には、女性でも外股歩きをする人、左右の膝を離して椅子に座る人、肘をついて食事をする人など、例を挙げたらきりがありません。

そもそも男性と女性とでは身体の構造が異なるのですから、振る舞い方にも違いがあります。たとえば男性は直線の美、女性は曲線の美、といって、**女性はやわらかな曲線を描くように振る舞うことが好ましい**のです。

ことばについては第六章でも触れますが、女性らしいことば遣いを忘れてはならないと思います。「まじ」「やばい」などの雑なことばを用いる女性が跡を絶ちません。ことば遣いが雑な母親のもとに育つこどもは、美しいことばを聞くチャンスすら持つことができません。現代のこどもたちのことば遣いに関する問題は、親にも責任があるといえましょう。

また、ことば遣いでは、電話での返事に「はい」ではなくて「ええ」を使う人が多いことも気になります。相手に自分の姿が見えないからといって、椅子にもたれかかる、頬杖《ほおづえ》をつくなど、いい加減な態度で話をすると不思議なくらいその雰囲気が相手に伝わってしまうこともあります。

さらに言霊《ことだま》といって、昔はことばには不思議な力が存在すると考え、それぞれのことばを大切にしながら声に出していました。特に**電話では言霊を忘れることなく、笑顔で話をするように努めたい**ものです。

男性があらゆる点で弱くなったと叫ばれる昨今は、男性のような体力がなくても、あらゆる機器の進化で女性でも十分に働くことのできる環境が整っている時代でもあります。精神的に強い女性が多く存在することは確かです。

だからこそ、女性は男性よりも一歩控え、優しさを忘れずに他者への気遣いを持って振る舞うことで、**女性特有の美しさを一層引き立たせる**ことができるのではないでしょうか。

慎み深い女性の美しさを、現代の女性に取り戻していただきたいと思います。

ノブレス・オブリージュの意味は

「ノブレス・オブリージュ」とは、身分高き者は義務を負うということ。高い身分の人は高い徳を持っているわけだから、それに相応《ふさわ》しい責務を果たす必要があるということです。

徳とは、精神的なことだけでなく経済的な部分も指しています。普段はワインを飲み、肉を食べ、豪華な暮らしをしていても、いざというときは前線で戦う。

実際にイギリス王室の方が戦場にいらしたり、アメリカにおいては**富裕層の人ほどボランティアへの活動が盛んになっている**のには、こうした道徳観念が基本にあるからなのです。

こうした概念は日本にも存在しており、伝書にも共通する考え方が残されています。

そうじて身にそうたほど分際《ぶんざい》にしたがい徳を諸人《しょにん》にほどこすべし。
ほしいままに人をなやまし身のためばかり思うことを仏神のにくまれ給うゆえに
ついにあしきなり

高位な人ほど自分の利益ばかりを追求するのではなく、分際にしたがって周りの人にこころを尽くすことが重要であるという意味です。

特に武士の場合は、**富を得ることよりも自分の生き方に対する名誉**を大切にしていました。どのような窮地に追い込まれたとしても、名誉を損なうことだけはしたくなかったのです。

祖母は近江八幡《おうみはちまん》市のお寺に参拝者が増えるまでの間、経済的にはずいぶん苦労したことと思います。

荒れ果てたお寺の復興に向けて活動していたときのこと。経済力があれば庭師に依頼できたのですが、まったくその当てもなく、ただ自分の手足を使って庭づくりを進めるしかなかったそうです。祖母は決して元華族としての誇りを失うことなく、周囲の人にも弱音を吐くことはなかったと父から聞いています。

食べることに苦労した時代でも、人々に施しをする精神が宿っていたのは、生涯を通じて「人から後ろ指をさされるようなことはしない」という武家に伝わる精神が祖母に宿っていたからかもしれません。

戦前までの暮らしを聞いていて思ったことは、**文化に造詣が深くなくては華族とはいえない**、ということでした。茶道や華道のほかに、香道の心得も学び、その一方では明治の鹿鳴館に代表される社交の場においてダンスを身につけておくことは必須でした。華族に生まれ育った人は、こどものときから日本文化のみならず西洋文化を学ぶことへも意識が高く、語学教育も盛んに行われていたそうです。

先代からは、あらゆるものに興味を持つ大切さを学びました。陶磁器に造詣が深く、時間があると各地の焼ものの特徴を教えてくれました。

一方、祖母は着物に関する知識を伝えてくれました。

また身体を動かすことが好きで、邸内にあったテニスコートに日々友人を招いてテニスに明け暮れた頃があったようです。私が小学校五年生のときにテニスを習いはじめたことを祖母に伝えると、当時テニスコートで撮影した写真を見せてくれながら嬉しそうに笑っていたことを覚えています。

また祖母によると、学習院に通っていたときには式典があるたびに生徒全員が紋付の着物に袴《はかま》を着用することが義務づけられていたそうで、プライベートでも洋装と和装を上手に使い分けていたようです。御姫様（おひいさま）と呼ばれながらも活発であった祖母でしたが、着物姿のときは自然におしとやかな振る舞いになったと話していました。

高貴な人はプライドが高いといわれますが、実際にその通りだと思います。

しかし、そのプライドは上辺の見栄から成り立つものではなく、**己を律するためのプライド**であり、こころを強く持ち堂々と生きていくために必要とされるプライドなのです。それこそが、高貴な人が持つべきプライドともいえましょう。

ときには高貴さが、気取っている、よそよそしい、と受け取られて勘違いされてしまうことがあります。本当に高貴な方はやわらかい印象を相手に与え、驕《おご》っている素振りなど微塵《みじん》も感じさせない方ばかりです。

高貴さは、相手を大切に考えることのできるゆとりから生まれるものではないかと思います。「分際」とは「身のほど」とも言い換えられますが、分際があるほど周囲への思いやりが存在するということです。

分際は突然、増えるものではありません。しかし自己を成長させるこころがけと努力、それによって自分自身を高めることができます。高貴さを身につけるには、**謙虚さを忘れない**ことも欠かせません。

年を重ねるごとに、こころの高貴さを向上させるように努めていきたいと思います。

お化粧前の顔は家族にも見せない

女性には品格が重要、などといわれますが、実際に品格とは何かと問われると、ことばで表すことは容易でないと思う方もいらっしゃるでしょう。

「品」は階級や人柄、「格」は身分や流儀などの意味もあります。このように考えると、**品格は外見の問題だけではなく、内面が大きく作用する**ことがわかります。

まず、品格を損なわないように注意することとして身だしなみが挙げられます。

最近の装いの傾向としてゆるい服を好む人が増えている点が問題ではないかと思えてなりません。パンツのウエストはゴム、トップスはウエストを強調しないサイズオーバーしたようなシルエットでヒップを隠せる長めのもの。フラットシューズなどのほとんどヒールのない靴を合わせる。

自宅にいるときとあまり変化のない楽な服装をして出かけてはならないとは申しま

せんが、「きちんとする」服装もときには必要ではないでしょうか。

特に夏場にお手入れがされていないガサガサの踵のままでサンダルやミュールを履くことはいかがなものでしょう。踵のお手入れはエステサロンに通わなくても自宅で簡単にできます。年を重ねるごとに他者に自分の姿がどう映るのかを意識し、日々の努力を忘れないでいただきたいものです。

髪の毛も同様で、傷んで艶《つや》のない髪の毛も気になりますが、**髪の毛が伸びて根元の黒色とカラーリングをした部分の色とに差が出てしまう**と、品格を損ねる原因になります。日常の「楽」な雰囲気が表に現れることは、「自然な姿」なのではなく「構わない姿」に思えてならないのです。

要するに、自己を律することを忘れてしまうと、品格は存在しないということです。

小笠原流の伝書に、

今朝に及びたらんにかならずしもその姿にて

君主父母に対面あるまじきことなり

とあります。恐らく大概の人は朝起きた後、そのままの姿で夫や親と対面しているのではないでしょうか。

しかし家族間であろうと、パジャマのままで顔も洗わず、髪もとかさずに人に会うことはあってはならないという教えです。さらに、お化粧をして身支度を整えてから対面するようにとも続けて記されています。

曽祖母は毎朝の家族との対面時にもお化粧を欠かすことはなかったといいます。私自身も二十歳《はたち》になったときに母から、人前に出るときは必ずお化粧をして身だしなみを整えること。それは近所に買い物に出かけるときも忘れてはならない、と教えられました。

女性として、**お化粧をしていない姿は恥ずかしい**という認識が昔はあったわけですが、現代にもその意識は必要ではないかと思います。

ところで、あるとき、曽祖母が知人にある舞台の話をしたところ、その方がうつむいて真っ赤な顔になってしまったことがあったそうです。理由がわからないまま、曽祖母はしばらく経ってからお化粧室に行ってみると、なんとその話題に出した舞台のポスターが貼ってあったのです。

つまり舞台の話を聞いたその女性は、舞台のポスターとお化粧室が結びついて恥ずかしい気持ちになったというわけです。

そのくらい昔の人は、お化粧室を連想することでさえも恥ずかしさを覚えたのです。現代では人を待たせるときに「お化粧室に行ってくるから待ってて」とことばで伝えていますが、いちいち「お化粧室」「トイレ」などといわなくても十分ではないでしょうか。

動作に関して品格を左右することといえば、忙しなく雑な振る舞いが挙げられます。前述にもある「間《ま》」を心得た振る舞いは、空間にゆとりを与えるだけでなく、その人自身の印象に優雅さを与えます。

このように、品格に関するあらゆる点を考えると、いくつかのポイントがわかってくるのではないかと思います。

朝起きたら身支度をして人前に出る、**清潔感のある身だしなみをこころがける**、ことばを選んで話す、ゆったりとした振る舞いで優雅さを忘れない。これらすべてに共通することは「慎み」です。電車内などの公共の場においてお化粧をする人が増えているようですが、慎みのこころがあれば、このような光景も自ずと減るはずです。自分勝手にならずに、常に他者を気遣うには、慎みのこころがなくてはならないのです。それには、**常に自己と向き合うこころがけ**が大切です。

品格は突然にして身につくものではありません。少しでも品格を損なうことがないよう、素直な気持ちで自分と向き合う強い精神力を持ちたいものです。

第四章
伯爵家の衣食住

日々の暮らしにハレとケを意識する

友人の誕生日祝いや結婚祝いの席に出かけることや、お正月は実家に戻り家族揃ってお祝いをすることがあると思います。

特にこどもを授かると、親はこどものあらゆる行事に関わることとなります。お宮参りや七五三の祈祷《きとう》のために神社へ参拝に行く、誕生日祝いをする、中学校の卒業式に出席する、成人のお祝いで家族揃って食事をする……。このような普段の生活にはない、儀礼・祭り・年中行事などの非日常を「ハレ」と呼びます。

ハレの日にはお赤飯やお餅をいただき、お酒を飲みますが、**器も本来はハレの日専用のもの**を用います。「晴れ着」とは、このハレの日に着用するものです。

ハレに対して、日常生活のことを「ケ」、普段着のことを「ケ着」と呼びます。ケの日があるから、人々はハレの日に晴れ着を着てご馳走《ちそう》をいただくために一所懸命に仕事をするわけです。

ところが、最近はハレの日であってもラフな服装で出かける人が珍しくありません。ここに、問題を感じるのです。

服装に関する意識の低下は前にも書きましたが、行事があろうとなかろうと普段着を用いることが当たり前になってしまうと、ハレとケの日を区別する意識も薄らいでしまいます。生活にメリハリがなくなるということです。

若い世代の人のなかにはお正月にお節《せち》料理を食べることがなく、お屠蘇《とそ》を飲む習慣すら知らない人が増える一方です。クリスマスが終わるとお正月の飾りを目にはするものの特にお正月だからといって普段の生活と変わるところがない、と聞くと寂しい気持ちになります。

ある女子校で講義をした際、「三月三日にお雛《ひな》様を飾っている人は手を挙げてくださ い」と中学生に聞くと、数名の生徒のみが挙手したこともあります。そのくらい、**季節に関する行事は忘れ去られつつある**状況なのかもしれません。

さて、小笠原家には古来より伝わるお屠蘇の調合があり、家族揃っていただく習慣は今も残っています。お屠蘇の調合とは何か、と疑問をお持ちになる方がいらっしゃると思います。実は三が日でいただくお屠蘇には一日が屠蘇散、二日が白散《はくさん》、三日が度障散《どしょうさん》とそれぞれ名前があり、用いられるものや分量などが異なります。

屠蘇には、悪鬼《あっき》を屠《ほふ》るという意味があります。年頭に**お屠蘇を飲むことで病にならず健康に一年を過ごすことができる**ようにとの願いが込められているのです。三が日の調合が異なる理由は、お正月はご馳走を食べてお酒をたくさんいただくので、三日に近づくにつれて消化を助ける効能を高めるためでもあります。

時折、祖母から受け継いだ写真を見返すことがあります。お正月に家族揃って華やかな着物を着て食事をしているものや、男性はタキシード、女性はドレス姿で写っている写真も多く残っています。なかには祖父が河田町の家の応接室で兄弟姉妹たちと一緒に写っているものもあり、祖母や他の姉妹たちは嫁いだあともハレの日には実家に集まっていたことが想像できます。

先代によると、糸くずの教えでも触れたように両親は別棟に住んでいたので、こどもが病気をしても父親とは会うことがほとんどなかったそうです。母親にも一日一度程度しか会うことがなく、具合が悪いときは毎日訪れる主治医と看護師しかそばにいなかったといいます。ですから、ハレの日に皆が一堂に会することはこどもたちには嬉しいひとときだったことでしょう。

現代の一般家庭では、一緒にいる時間が長いゆえにふとした会話から口喧嘩に発展するなど、ときとして大きな問題を起こしかねないことをこころに留めておく必要があるのではないでしょうか。

お互いを尊重しあい、さらには周囲の人へ思いやりを持つには、ハレとケを意識して暮らしに取り入れる必要性を感じています。日常があるからこそ非日常を通して、自分が存在することへの感謝と、周りにいる人々が健康に暮らせるようにと願う気持ちを育むきっかけをつくることができるからです。

何となく過ぎ去ってしまう一年を過ごすのではなく、メリハリのある暮らしを見直すことにより、**今まで気づかなかったささやかな幸せを感じる**ことができるかもしれません。

隠れたところにおしゃれを楽しむ

曽祖母の写真はどれを取ってもすべて和装なのですが、**一人で身支度を終えることはありません**でした。

戦後、それまで小笠原家に勤めていた女中さんたちすべてを抱えられない状況となってから、曽祖母はなるべく自分の身の回りのことは自分でするように努めていたそうです。

しかし、着付けだけは亡くなるまで身近にいる家族が行っていたと聞いています。幼い頃からずっと、両腕を身体の脇に上げて立ってさえいれば女中さんたちが着物を着せてくれたわけですから、それも仕方がないことだったのかもしれません。

祖母は私が生まれる頃にはすでに尼僧だったので、洋装の姿を見ることは一度もありませんでした。仏門に入るまでは装いに手を抜くことはなかったそうで、数々の帽子、ハンドバッグ、靴の中から服に合わせたものを選んで用いたそうです。
祖母から母、母から私へと伝えられた装いの基本は、「シンプルなコーディネートをこころがける」。多色遣いではなく、**二色、多くても三色に止めた色あわせ**ということです。外国人のようにいくつもの色を組み合わせて素敵な装いをなさる日本人はいらっしゃるとは思います。さりとて、一般的に黒髪、黒目、さらに身体つきを考えると、色遣いは抑えたほうが品格を保ちやすい、というのが祖母の考えでした。

母の話によると、祖母の定番はカシミアのツインニットだったそうで、色は黒、ベージュ、またはグレー。シンプルだからこそ、品質の良し悪《あ》しがわかり、品格をつくり出すことができると感じたそうです。

また足元に清潔感を保つことは身だしなみの基本であると、祖母からは次のような説明とともに教わりました。

「無理をして高価な靴を一足購入し、そればかりを履いてしまったら靴はくたびれてしまう。また毎日の靴のお手入れも欠かしてはならない。素敵な装いは、足元にまでこころを配って完成される」

この教えの通りに中高生の頃は、お気に入りの同じ黒の革靴を常に二足購入してもらい、それぞれを一日おきに履いては帰宅後に靴の手入れをすることが自然と習慣になりました。その心得は現在に至っています。

目立たないなかにおしゃれを楽しむ遊びごころは、曽祖父の装いについてのエピソードからも学ぶことができました。

河田町の屋敷が完成した八年後、五十歳で亡くなった曽祖父は、東京の芝にあった会員制の紅葉館《こうようかん》という交流の場へいつも同じ縞《しま》の羽織を着て出かけていました。そこで働いていた女性は、なぜ同じ羽織を着ているのかと疑問を抱き、曽祖父にはわからない程度に羽織に糸でしるしをつけたそうです。

結果、羽織はすべて異なるものであったということ。さらにその女性が羽織をよく観察してみると、微妙な具合で縞の幅が違っていることを発見し、たいそう驚いたということでした。

自分に似合う同じようなデザインのものを揃え、**人にはわからないくらいの目立たない範囲で各々の違いを楽しむ**ことは、現代のスーツの柄などにも活かせるのではないかと思います。
目立たない楽しみは、曽祖父に始まったことではなく、小笠原流の教えにも残されています。

人の衣装の色々すべて若き人もとしの程よりすこしくすみて出立たれ候が
よく候よし申し伝え候

室町時代には年齢に関係なく、落ち着いた色合いを用いることがよいとされたわけですが、控えめでありながらさりげない色遣いを楽しむ心得も存在しました。
たとえば、**年配の人が薄地の着物の下に紅梅色の肌着を着るのはしゃれている**、という教えもあるのです。

御胸の合わせ目　水ばしりに　いとやわらかに御召し候え

との伝書からもわかるように、胸元は全体の印象を左右するほどの大きな役割があります。水が走るようなやわらかい胸元の印象をつくるこころがけは、和装、洋装のどちらにも求められます。相手と対面する際、**まず相手の視線は顔から胸元の間にくる**ことが想定されますから、胸元は第一印象を決定する大きな要素なのです。

年を重ねれば重ねるほど、清潔感を忘れることなく、品格のある自然な装いをこころがけていきたいと思います。

時・場所・状況に合った装いのマナー

自分はどのような立場でどこへ出かけるのか。それぞれの時・場所・状況を見極めて装いを決定することは、何時も忘れてはならないことと思っています。

公の空間は**一人で占有するものではなく、周囲の人々と共有する**もの。だからこそ、他人同士でもお互いが気持ちよく過ごすために、装いに対する意識の欠如は望ましくないのです。

「慎みとは人の見ぬきが第一」と心得ておくと、日ごろの行動はもちろんのこと、装いに関しても他者の迷惑になることがありません。

しかし「自己を抑制することは我慢すること」と履き違えてしまったばかりに慎みを失《な》くしてしまったのか、普段の生活から状況に応じた装いをこころがける人は多くないように思います。

日常生活において、服装を確認されて了承を得てからでないと入ることのできない空間はほとんどありません。だからこそ個人が責任を持って装う必要があるのではないでしょうか。

祖母が若い頃、園遊会に出席した際には、美しいアフタヌーンドレスを着た女性の方々が大勢集まられて大変華やかな場であったそうです。入門するにあたっては、式部官《しきぶかん》によって服装が確認されたというのです。両親とともに新調したドレスを着て出席した女性のなかには、「靴の踵が見えないドレスの丈」という規定に合っていないことから入門を拒絶された人が何人かいらしたというのですから、現代では考えられない厳しさです。

園遊会でなくても、あらかじめ服装の指定があるパーティもあります。あいまいなことがまかり通ってしまう昨今の風潮のなかで、服装に関する最低限の知識を身につけておくことは無駄ではありません。

日常的ではありませんが正礼装、さらに**行事やレセプションなどに用いられる準礼装から略礼装**に至るまでの、簡単な洋装の心得をご紹介したいと思います。

〈正礼装〉

昼：アフタヌーンドレス

ワンピース、またはアンサンブルやツーピースでも可。ローブモンタントが原型で、襟元は広く開けず、袖丈は長袖または七分丈か八分丈。裾丈はノーマルなものからロングまでである。

アクセサリーは真珠に代表されるように光を抑えたもの。バッグは小型。靴はプレーンなパンプス。

夜：イブニングドレス

ローブデコルテが原型で袖なし、胸元や背は大きく開ける。裾丈は床までの丈、または靴の先が見える程度の丈。後ろを長く引く丈のものもある。

アクセサリーは**ダイヤモンドなど光沢のある宝石**を選ぶ。バッグは昼と同様に小型。靴はドレスと共の布製、あるいはバッグと合わせた金または銀のものでもよい。

〈準礼装〉

昼：セミアフタヌーンドレス

ワンピース、アンサンブル、ツーピースなどで流行を取り入れながらも、胸元や背中は開けないこと。スカートの丈に決まりはないものの、昼の装いであることを忘れず、派手にならないようにこころがける。

入学式や卒業式、ホテルやレストランでのパーティなどでは、**フォーマルな雰囲気のあるスーツに真珠のネックレス**、あるいはブローチやコサージュなどのアクセサリーを組み合わせるとよい。

夜：ディナードレスまたはカクテルドレス

ワンピースまたはツーピース（スカートだけでなくパンツを合わせることもある）で光沢感のある素材のものを選ぶ。

アクセサリーは正礼装と同様に、輝きのあるもの。バッグや靴もドレスに合わせた色、あるいは金や銀などの華やかなものを合わせるとよい。

〈略礼装〉

昼：インフォーマルドレス

ワンピース、スーツ、ブラウスとスカートなど、決まりはない。それだけに特にパンツスタイルやニット素材のものは、カジュアルな雰囲気に偏らないように注意すること。

夜：インフォーマルドレス

基本的に昼と同様に決まりはないが、夜の時間帯を考慮し、光沢感のある素材やアクセサリー、靴やハンドバッグを選ぶとよい。

平服で参加くださいとの案内があるパーティでは、**Tシャツにジーンズ姿で出席する人の姿**を見かけますが、平服とカジュアルな服装は同じではありません。

おしゃれな人の装いをそのまま真似るのではなく、自分に合ったもの、さらには時・場所・状況に合ったものを選ぶ目を養いたいものです。

お箸は先三センチだけで食事をする

食事の美味《おい》しさは、「何をいただくか」よりも「どなたといただくか」のほうが重要ではないでしょうか。

友人や知人から、この人と一緒に食事をすると楽しい、そんなふうに思っていただける人でありたいものです。それには、「同席者に不快感を与えない」という要素が欠かせません。

和食の作法には、箸《はし》に始まり箸に終わる、という基本があります。

これは、単に見た目の問題をいっているのではありません。正しいお箸遣いを身につけることで、**一口大に相応《ふさわ》しい分量を口元へと運ぶ**ことが可能となるのです。誤ったお箸の持ち方をすると、箸先に力を入れにくくなり、食べ物を小さく切ったり、裂いたりできなくなってしまいます。

あるいは麺類を器から箸で取るときにも、必要以上の分量を取ってしまうと途中、歯で噛み切らなければならなくなります。その姿は、美しい印象をつくるはずがありません。

小笠原家に勤める奥女中たちは、それぞれに小笠原流を身につけてお客様の給仕を務めていました。

それゆえにお客様の振る舞いにも関心があったのか、お客様がお帰りになると、使用されたお箸を火鉢の灰に入れてお箸の先にどの程度の灰がつくのかを計ったというのです。お客様の嗜《たしな》みを調べて、その結果を語りあうことのほうがいかがなものかとは思います。とはいうものの、曽祖母から先代や祖母に伝わったこの話を幼い頃から聞かされていたので、**お箸を正しく持つことは当たり前**と考えていました。

しかし、それが今の世の中では当然のことでなくなってしまった光景を見るたびに、日本人としての魅力がひとつ欠けてしまったようにも感じます。

正しいお箸遣いには、もうひとつ大切な理由があります。それは感謝の気持ちを示すということです。食材を育てる人、食材を売る人、食材を購入し調理する人……、たくさんの人の労力があってこそ、食事ができるのです。

来所を知ること、すなわち食事をいただくまでの経路を考え、すべてに感謝する気持ちを育むことは、ものが豊かになった現代においても忘れてはならないと思っています。たとえ自給自足であったとしても、決して一人だけの力で生活が成り立つことはありません。美しく食事を進めることは、食事ができることへの感謝を表現すると心得ることが大切です。

またペンの持ち方を見ると、お箸を正しく持つことができるかどうかを瞬時に判断できます。二本あるうちの上のお箸は、ペンの持ち方と同様だからです。

まず、上のお箸は人差し指と中指ではさみ、親指で支えます。下のお箸は親指と人差し指のつけ根ではさみ、薬指で支えます。動かすのは上のお箸のみで、**下のお箸は固定したままで使用する**のが正しいお箸の動かし方です。

箸先五分長くて一寸、すなわち箸先の汚れは三センチ以内に止めておくことが望ましく、それ以上汚れると人に不快感を与える原因になりかねません。なるべく箸先を汚さないために、あるいは細かいものを取るときなどにも必要なことは、お箸の先を濡《ぬ》らしておくという心得です。

したがってお客様をお招きして食事を差し上げる場合、**柳や杉など木製のお箸の先はあらかじめ濡らしておく**ことがもてなす側の配慮のひとつです。

お箸のみならず、器の扱い方も知っておくと、スムーズに食事を進めることができます。

お箸と器を同時に取り上げることは「諸起《もろおこ》し」といって、渡し箸（器にお箸をかける）や涙箸《なみだばし》（箸先からつゆをたらす）などと同様に嫌い箸（慎むべき箸遣い）の一種ですので避けなくてはなりません。

まず、器を取り上げ、左手にのせて器をしっかりと持ってから、右手でお箸を取り上げます。その後、左手の人差し指と中指の間にお箸をはさみ、右手をお箸から離さないように注意しながら右側にすべらせ、さらに下に回して持ちます。お箸を左手から外して、料理のもとへ箸先を運ぶことになるわけです。

この一連の動作は、文章で見ると面倒に思われがちですが、慣れてしまうと苦ではありませんし、安定した動きでお箸と器を扱うことができます。危険を防ぎながらふるまうことへのこころ遣いは、食事の際にも必要であるということです。

そのように考えると、器をテーブルや折敷《おしき》に置いたままで食事をしないほうがよい場合があります。

たとえば、てんぷらのつけ汁の入った器やおしょうゆ皿などを手に取り上げないでいると、つけ汁やおしょうゆがこぼれないようにと前屈みになる、あるいは手を受け皿代わりに使うなど品格を損なう食べ方をしてしまいます。

そのほか、酢の物など汁がこぼれて涙箸になってしまいそうなときには、**手に取り上げられる大きさの器は左手で持ち、口元近くまで運ぶ**ようにいたしましょう。

お箸の持ち方に自信のない方は、ぜひこの機会にお箸遣いを見直されてみてはいかがでしょうか。

スープは飲まずに食べるもの

祖母とは和食よりもはるかに洋食をいただく機会が多かったので、そのたびにレストランでの振る舞いを身につけることができました。

箸先の汚れのようにナプキンの扱いだけでもその人の嗜みがわかってしまうもの、という祖母のことばに、小学生だった私は**ナプキンを膝に広げることも作法の一部**であると考えていたものです。

現在はレストランとなっている小笠原伯爵邸には小笠原家のダイニングで使用されていた木製の大きなテーブルが残されています。当時の写真のなかにもそのテーブルを囲んで食事をしているものがあります。今は壁で閉じられているのですが、できあがったお料理をすぐに運べるようにと、厨房とダイニングの間は小さな窓で繋がれていて、そこからお料理が運び出されていました。

「食器はこどもだからといって割ってもよいようなものを与えられるのではなく、漆《うるし》の器から銀製のカトラリーまで、国内外問わず一流のものを使用したからこそ、ものの価値を見る目が養われた。だから、あなたも自分のこどもには本物に触れる機会をつくりなさい」

この祖母のことばを息子が生まれてからふと思い出し、実践することを試みながら育ててきました。

ところで、会食の席に何の連絡もなさらず、遅れてくる方がいらっしゃいます。先日、知人とレストランで昼食をご一緒したときのことですが、待ち合わせの時間を一五分過ぎてもご連絡がありませんでした。途中で体調を崩されたのではないか、あるいは事故に巻き込まれたのではないか、と不安な気持ちで思いを巡らせながらお待ちしていました。それから二十分過ぎた頃、「前の予定が押してしまって失礼しました」と伝えながら姿を見せてくださいましたが、**遅れることをお店に到着する前に知らせる**ことはお考えのなかにはなかったように感じました。

お互いに限られた時間を気持ちよく、楽しく過ごすためには、最初の印象が重要であり、そのためにこころを尽くす配慮は親しい者同士であっても忘れないように努めたいものです。

さて、洋食のマナーに関しては、日頃から気になる点がいくつかあります。「すする音」は、それだけで品格を落としてしまうと心得るべきです。特にスープは「飲む」ではなく「食べる」という意識でいるとよいでしょう。スープは少なめにスプーンに取ってから傾けて口に入れると、前屈みの姿勢を防ぐことができます。ロングパスタもすする音を立てる方が少なくないので、注意していただきたいと思います。

カトラリーの扱いに関しては、ナイフの刃先を相手の側に向けてお皿の上に置くことが目立ちます。食事中に手を休めるとき、あるいは食事を終えたとき、**ナイフの刃先は必ず自分の側に**向けます。

また、フォークの背に食べ物をのせる食べ方は好ましくありません。豆類など細かいものは、ナイフを動かさずに壁のようにし、そこへフォークを寄せるようにしながら、フォークの腹にのせていただきます。

着席のパーティで洋食をいただくたび、パンの食べ方が美しくない方があまりにも多いことを残念に思います。

パンを一口大にちぎったあとに大きいほうのパンをお皿に戻さず、両手でパンを持って食べる姿は、早く食べたい気持ちを前面に表してしまう可能性があります。またバターは一口食べるごとに塗るものと心得ます。

立食パーティにおいては、女性がお料理の前に群がる姿が気になります。立食パーティは食事がメインなのではなく、歩いて移動できる利点を活かして周囲の方々とコミュニケーションを深めることが目的であると理解するべきです。

お料理を取る際には、**冷たいものと温かいもの、汁気のあるものと汁気のないものを一緒にお皿にのせない**ように注意します。フルコースをいただくようなイメージで、オードブル類から食べはじめることが望ましく、デザートから取りはじめることは避けましょう。

パーティの席での注意点は挙げるときりがないのですが、最も忘れてはならないことは、会話も食事のひとつと考えることです。仲間同士だけで会話をする傾向が日本人にはありますが、同じテーブルの席の方と交流をすることもゲストの役割ではないかと思うのです。

こちらから声をかけることは勇気がいるものですが、そのような試みを繰り返すうちに、**話さないことよりも話すことがどれだけ大切か**ということがわかるはずです。

「貴人を見合わせて喰《く》うべし」という伝書の一説は、洋食の心得としても欠かせないことです。

食べる速度や話の進め方にも配慮をして、ともに食事をする喜びをわかちあえるよう、相手や周囲への思いやりを忘れずに食事を楽しみましょう。

下戸でも場の雰囲気を壊さないで

「お酒に酔ってしまったから」を理由にする人は、潔いとは思えません。

酔うことが悪いのではなく、お酒の席において他者が不愉快に思う発言を平気で口にしたり、行きすぎた振る舞いをすることは、男女を問わず無責任で常識に欠けるのではないでしょうか。

男性は女性にお酌をさせない配慮が大切ですが、**女性は自らが率先してお酌をする姿は望ましくない**と心得ましょう。もちろん、上司や同僚、友人や知人の男性に最初の一、二回程度はお酌をする状況もあるかとは思いますが、こうした光景は海外で目にすることはまずありません。

祖母は「男性が女性にお酒を注《つ》ぐことを求めるとしたら、それは常識がないこと。傲慢に振る舞ってよいということではなく、女性は凛《りん》とした態度でいることが大切」

と話していました。また、「アルコールに弱い人は、ワインなどが注がれる前にグラスへ軽く手をかざすとエレガント」とも教わりました。伝書にも、

下戸は盃をとりざまに御酌の顔を見るべし

とあり、盃を受け取ったあとにお酌をする人の顔を見ると、お酌をする人はお酒が飲めないことを察して、お酒を注ぐ真似だけをしました。

さて、最近は女性同士でお酒を飲む機会も増えていると思いますので、お酒を注ぐときのポイントは覚えておくと便利です。

単純なことなのですが、「鼠尾《そび》、馬尾《ばび》、鼠尾」といって、最初と最後は鼠《ねずみ》のしっぽ程度、中間は馬のしっぽ程度に注ぐ。お酒に限らず、飲み物はこのように注ぐとこぼさず、粗相《そそう》を防ぐことができます。

ところで、武士の活躍する時代において、**お酒は仲間同士の結束を強める役割**を持っていました。今と違って、上下関係が極めて厳しい社会であったにもかかわらず、

また清潔感を好む日本人がひとつの盃でお酒を酌み交わすことに意味がありました。だからこそお酒に関する細やかな作法があり、気持ちよくお酒を飲む雰囲気をつくるようにこころがけていたのです。たとえば、身分の高い方からお盃を受け取る場合は、

貴人の前にては礼あるべからず

と礼を省略することが重んじられていました。なぜ、そうしなければならなかったのでしょうか。

それは、**自己の存在を消すこころ遣い**が必要だからです。目の前に身分の高い方がいらっしゃると思えば、無意識のうちに深いお辞儀をするなど、丁寧な挨拶をしてしまいがちです。しかし、そのような振る舞いは、その方からお盃を頂戴してお酒を飲むことを周りの人にアピールすることになりかねません。素早くお酒を飲んで自分のもとの席に戻ることは、その場にいる人々への配慮そのものということです。

ところで、車を運転する人は別として、お酒に弱い人がはじめから「ウーロン茶を

お願いします」というのは周囲の人に気を遣わせてしまうことがあります。

私は下戸《げこ》でほとんどお酒がいただけないのですが、一杯目はお酒を頼み、しばらくしてからノンアルコールのものを頼むと、同席している方々がお酒に弱いことに気づかれないこともあるくらいです。お酒を嗜まれる方々から、お酒に弱い人が**シャンパンのときはジンジャエール、ワインのときは葡萄《ぶどう》ジュース**、といった具合に、見た目に似たようなものを飲んでくれると気を遣わなくてすむと伺うこともあります。

お酒に強い人も弱い人もお互いに思いやりを持ちながら同席するからこそ、楽しい空間が保てるわけであり、それを失ってしまったらどちらかが無理を強《し》いられる可能性が高まります。

いささかも油断なく気をつかうべし

という伝書の教えがあるくらい、**昔も今もお酒の席では何かと失敗が多い**ため、こころを配りながらお酒を楽しんでいただきたいと思います。

思い出がつまっている伯爵邸

祖母は大正三年に河田町にて誕生しました。

約二万坪の敷地内には川が流れ、**門から住まいまでは馬車で移動するほどの距離があった**というのですから、今では想像することができません。

先代によると、現在の東京女子医大の辺りには馬場があったそうで、幼い頃に乗馬をした際の思い出を時折、門弟たちにも語っていました。

前述にもある現在レストランになっている邸宅は、昭和二十三年に米軍に接収され、昭和二十七年に米軍接収解除後には法務省から都が買収し、小笠原家のもとに戻ってくることはありませんでした。

しかし、約十年前に一年半の歳月をかけて当時の姿に復元されてレストランとして再び活用されることになりました。それをきっかけに、現在その一部を教場として拝借できることに感謝を忘れてはならないと思っています。

さて、海外生活も経験している曽祖父は、和洋問わずあらゆることに造詣が深かったようです。中庭にある、彫刻家・朝倉文夫《あさくらふみお》氏に師事した曽祖父がつくった女性像は見るたびにほっとした気持ちになります。

また邸宅は、「小鳥の館」ともいわれ、あちこちに小鳥が用いられています。入り口にあるひさしは葡萄の蔦《つた》がモチーフとされ、玄関に入ると鉄製の鳥かごの明かり取りや天空に舞い上がる鳩《はと》の姿が描かれたステンドグラスが目に入ります。

このステンドグラスは、**大正時代にステンドグラス作家として活躍された小川三知《おがわさんち》氏**の作品です。小川氏の作品は、横浜にある氷川丸《ひかわまる》の特別室でも拝見することができると祖母から聞いています。

邸内で最もインパクトのある部屋は、喫煙室です。

当時の応接室奥に位置するイスラム様式のこの部屋は、彩色漆喰《しっくい》彫刻の壁や大理石のモザイクスタイルの床など、かなりの見応えがあります。当時は男性専用の喫煙室として使用されており、こどもたちにとってこの部屋は、「大人の場所」だったそうです。その部屋の外壁は、中央に太陽が施され鳥や花々で華やいでいる、小森忍《こもりしのぶ》氏のタイルが復元されています。

小笠原家の家紋は「三階菱」ですが、館内にその家紋が用いられて現存するものはひとつだけあります。一般の方は入ることのできない部屋がカフェを入ったところにあるのですが、そこにあるランプに家紋が施されているのです。

さらに邸宅にとって、目立たないながらも、大きな役割を担っているところがあります。それは、建物の北東にある一枚の猿の陶板です。

北東といえば鬼門《きもん》。猿は北東と反対の方角に位置していることから、**邪気《じゃき》を祓《はら》う役割がある**といわれています。つまり、この陶板は鬼門除《よ》けで、猿の姿をよく見ると烏《え》帽子《ぼし》を被り、御幣《ごへい》を持っています。

このように、建物には曽祖父のこだわりを感じられる箇所が随所にあるわけですが、時を経て、今もその建物が現存することは嬉しいかぎりです。

ところで、小笠原家が関わっていた建物にまつわる思い出で、この先も語り伝えていきたいと思っている話があります。

長時《ながとき》という先祖は、天文《てんぶん》十九年に武田信玄《たけだしんげん》に攻められて長野県松本市にあった林城《はやし》を追われた際、大切に育ててきた白牡丹《ぼたん》が敵の兵に踏み荒らされないようにと祈願寺であった里山辺兎川寺《とせんじ》のご住職にその株を託しました。

さらに、株が絶えることがないようにと兎川寺から檀家総代の久根下《くねした》家に株分けがされ、その後、昭和三十二年に長野県松本城本丸へ移されました。

松本城は以前、深志城《ふかしじょう》と呼ばれており、この城は林城の前面を固めるために造られたのですが、長時の子、貞慶《さだよし》によって深志城が回復されてから松本城と改めたのです。

白牡丹には「小笠原牡丹」という別名もあり、五月の牡丹の時期になると城の周りで咲く姿を見ることができます。

戦乱のなかを周囲の方々の温かいこころに守られ、**約四百年ぶりに小笠原牡丹が松本城に帰ってきた日**のことを、先代は自身が撮影した白牡丹の写真を眺めながら感慨深い表情で伝えてくれました。

先代が亡くなった後、実際に松本を訪れてこの白牡丹を愛《め》でることができましたが、美しいだけでなく、どこかに強さを秘めている魅力を感じました。

小笠原家に限らず、どの家庭にも家族の思いがつまった場所やものがあるのではないでしょうか。あるいは、現存するものは残っていなくて、代々語り継がれた思い出話のみということもあるでしょう。

もしかすると、目に見えないことほど、さらに**想像を膨らませて先祖をこころで感じる**ことができるかもしれません。

小笠原伯爵邸内の教場で指導をする際、今まではただ足早に通り過ぎていた廊下に、ときには立ち止まり、先祖のことを思い出しながら過ごしてみたいと思います。

第五章 伯爵家の祭

祝いごとは「和」を深めるきっかけ

冠婚葬祭と聞くと、主に結婚や葬儀に関するものと思われがちですが、「冠」「婚」「葬」「祭」と四つの柱に分けて考えることができます。人間が生まれてから亡くなるまでの間に通過する儀礼や行事、そのすべてが冠婚葬祭なのです。

「冠」とは元服を指し、現在の成人式にあたります。冠に関する儀式というのは、こどもの誕生から成人に至るまでを指しますが、ここでは人生儀礼といわれる年祝い（長寿の祝いとも）も含めて考えてみたいと思います。

帯祝い、誕生、七夜（命名）、お宮参り、お食い初め《ぞ》、初節供（男の子は端午の節供、女の子は上巳《じょうし》の節供）、初誕生（一年目の誕生日）、七五三、十三参り、入学式、卒業式、成人式などが現代でも行われている冠の祝いごとです。

こどもが**生まれてからの一年間にさまざまな行事がある**理由については、乳児の死亡率が高かったこと、さらに父方、母方の家同士の交流が深く、こどもの成長を家族で祝うだけでなく氏神様からのご加護を願う思いがあったからと考えられます。

まず妊娠五ヶ月目の戌《いぬ》の日に、腹帯を巻いてお祝いし、無事に出産がすむようにと祈るのが帯祝いです。戌の日を選ぶのは、**戌の安産と多産にあやかるようにとの縁起**からで、江戸時代から広く行われるようになりました。

この腹帯は岩田帯とも呼ばれますが、本来は斎肌《いはだ》帯、結肌《ゆはだ》帯を意味し、斎は忌む、結は結合、誕生を表します。

この帯祝いの日から身体を慎んで、出産の準備を整えるということなのです。帯は妻の実家から贈られます。

着帯の儀式は両家の両親や仲人らが集まり、親戚知人のなかで子宝に恵まれているご夫妻に帯親をお願いして、その夫人が帯をつける役をします。あるいは、妻の母や姑など、出産の経験を積んだ人によって帯が巻かれます。

こどもが生まれてから七日目の夜には、七夜の祝いを行います。正式には、当日の朝、三方《さんぼう》にお餅を一重ねと熨斗《のし》をのせて床の間に飾ります。命名書は、奉書紙を横長になるように二つに折り、さらに縦三つ折りに畳み、中央に名前を、左側に生年月日を記して三方にのせて床の間に飾ります。

昨今では半紙に「命名　〇〇」と生年月日を書いたものを神棚、鴨居《かもい》、部屋の中央の壁などに貼るのが一般的です。

現代でも名付け親をお願いする場合がありますが、昔は生まれた際の幼名から元服で正式な名乗りを授かるときには、名付け親の一字をいただくことがありました。先代の名前は「忠統」ですが、小笠原家では代々「忠」を名前に用いる場合が多いのは、徳川家二代将軍秀忠《ひでただ》より与えられた一字に由来しています。

次に男の子は生後三十日から三十二日目、女の子は生後三十一日から三十三日目（地方により異なる）を基本として、お宮参りを行います。お産はけがれたものとされていたため、この日は忌明《きあ》けであり、お参りがすむまでは夫または妻の祖母が赤ちゃんを抱きます。

誕生後、百日目または百二十日目にはこどもが**一生食べることに困らないように、また歯が丈夫で元気に成長するように**という願いが込められて百日の儀式、すなわちお食い初めを行います。

昔は親族で長寿の方に養い親になっていただくように依頼して、男の子は男性の養い親、女の子は女性の養い親から食べる真似をしました。現代ならば、お赤飯、尾頭つきの焼き魚、青物のお浸し、香の物、お吸い物程度の食事と歯固めのために数個の小石を一緒にお膳にのせて祝うとよいでしょう。小石が置かれるのは、歯が丈夫になるようにとの願いからです。

七五三は、十一月十五日に行われます。三歳になると髪を伸ばして結いはじめることを「髪置き」といい、五歳になると初めて袴《はかま》を着ける儀式である「袴着《はかまぎ》」が行われました。七歳になると着物のつけひもを取って本式の帯を結ぶ「帯解《おびとき》」という儀式がありました。

また、「七歳までは神の子」と呼ぶように、**七歳になってようやく霊魂が安定する**と考えられていたのです。三歳、五歳、七歳はこどもの厄年ともされていたこともあり、江戸時代から七五三の祝いは一般に定着しました。

十三参りは、数え年で十三歳の男女が四月十三日頃に虚空菩薩《こくうぼさつ》に知恵と福徳を授かるようにとお参りをすることです。この祝いは、関西を中心として行われています。息子の十三参りで京都嵐山にある法輪寺《ほうりんじ》へ出かけた際のことです。お参りのあとに後ろを振り返るとせっかく授かった知恵を返さなければならないという言い伝えがあるので、小雨が降る中、前を向いて歩くように言い続けながら渡月橋《とげつきょう》を渡りきった記憶が懐かしいものです。

成人式は武家において「加冠」「元服」と呼ばれていました。「元」は頭、「服」は着ること、つまり髪型を改めて冠をかぶるという意味です。この儀式を通過することによって、一人前の男子として扱われました。小笠原流の伝書には、

元服の人　はじめは稚児《ちご》のいでたちたるべし。さて髪を生やし候にて烏帽子《えぼし》素襖《すおう》　袴を着するなり

とあります。稚児の装いから**烏帽子をつけて素襖や袴を着ることで、こどもから大人への成長を表した**のです。女子は「鉄漿《かね》つけの儀」といって、歯を黒く染める儀式

以降は一人前とされました。

現在では一月の第二月曜日に満二十歳の男女を祝いますが、昔の成年は年齢の定めはなく十五歳から十七歳くらいが多かったとされています。

さらに、大人になると長寿の祝いがあります。

その前に厄年に関してお話ししますと、数え年で男子は二十五歳と四十二歳、女子は十九歳と三十三歳を大厄、その前後の年を前厄、後厄と呼びます。最近は数え年で女子三十七歳、男女ともに六十一歳も厄年と考えて厄払いをする人が増えています。厄年にとらわれすぎてはいけませんが、日頃は無理をして仕事をしている方は**健康を振り返る時期として大切に過ごされてはいかがか**と思います。

さて、長寿の祝いには、還暦（数え六十一歳）、古稀《こき》（数え七十歳）、喜寿《きじゅ》（数え七十七歳）、傘寿《さんじゅ》（数え八十歳）、米寿《べいじゅ》（数え八十八歳）、卒寿《そつじゅ》（数え九十歳）、白寿《はくじゅ》（数え九十九歳）、百賀（数え百歳以上で毎年「百一賀の祝い」「百二賀の祝い」……と祝う）があります。

昔ならば「人生五十年」といわれ、長寿の祝いは室町時代から行われるようになりました。

現在は平均寿命も延び、還暦を迎えられても元気に仕事をされている方も多くいらっしゃいますが、このようなお祝いに関係なく、日頃から年配の方を敬う気持ちを忘れないようにしたいものです。

私たちは誕生してから亡くなるまでに折り目節目としてさまざまな人生の通過儀礼を経験します。それらの祝いは、親、こども、友人、知人によって行われ、互いのこころが交流することでさらに「和」を深めるきっかけにもなるでしょう。また、生きていることを自覚し、**命の尊さを感じ、周囲への感謝を確認する儀礼**であります。

盛大に祝うことよりも、こころからの祝福の念で家族や友人、知人たちと祝いの日を迎えてみてはいかがでしょうか。

先祖を祭り、無病息災を祈る

春と秋にはお彼岸《ひがん》があります。お彼岸はそれぞれ七日間あり、中日が「春分」「秋分」にあたります。この日は、昼と夜の長さがほぼ同じです。

仏教では現世の迷える世界を「此岸《しがん》」、悟りを開いた世界を「彼岸」としています。極楽浄土は真西にあると考え、**春分と秋分は太陽が真西に沈む**ことから、西に沈む太陽を礼拝《らいはい》したことが彼岸会《ひがんえ》の始まりともいわれています。

お彼岸に食べるものといえば、ぼたもちとおはぎです。

基本的にはどちらも同じもので、春の花にたとえて牡丹餅、秋の花にたとえてお萩と呼ばれるようになりました。そのうえで、ぼたもちのほうが大きい、もち米のつぶが残っているのがおはぎ、こしあんがぼたもちでつぶあんがおはぎ、など諸説あります。大切なことは、小豆《あずき》は邪気を祓《はら》うので、小豆が用いられたぼたもちやおはぎを供えて**先祖を供養し、己も功徳《くどく》を積む**ことです。

お彼岸に限らず、お墓参りは大切なことです。

小笠原家のお墓は、もとは浅草の海禅寺《かいぜんじ》にあったのですが、昭和初期に多磨霊園に改葬されたあとは園内で最も大きなお墓といわれ、倉状の納骨堂になっています。緑多い霊園内のお墓を掃除し、時折吹く風を感じながらお祈りをすると、目に見えない力で背中を押されている気持ちになり、新たな活力まで授かるような思いがします。

春と秋のお彼岸の間にあるのがお盆です。お彼岸はお墓参りが中心ですが、お盆は迎え火で祖霊を迎え、送り火で祖霊を送ります。

お盆は「盂蘭盆会《うらぼんえ》」と呼ばれていますが、ウラボンは梵語《ぼんご》（サンスクリット語）のウランバナからきており、意味は倒懸《とうけん》、すなわち逆さ吊りを示します。お釈迦《しやか》様の弟子だった目連《もくれん》は、母親が生前の行いが悪かったために餓鬼地獄に落ちて逆さ吊りの罰を受けて苦しんでいたので、お釈迦様の教えにしたがって供養《くよう》して救ったと『仏説盂蘭盆経』という経典に記されています。それが、お盆の由来となりました。

この時期に忘れてはいけないことは、生御魂《いきみたま》（生御霊、生見玉とも書く）を大切にするこころです。イキミタマというのは、お盆の時期に健在の父母にたいして生ぐさもの（生魚）を贈り、長寿を祈ってそれを食べてもらうことです。

余談ではありますが、お中元の贈答が根づいた理由に、イキミタマの習慣が影響したのではないかとも考えられています。仏教とは少々趣が異なり、中国から伝わったお盆の行事が日本の民間信仰あるいは農耕儀礼と結びついて、独特なものがつくられて今に伝わっているわけです。祖霊や親を重んじることは、次世代にも受け継いでいくべきではないでしょうか。さて、年中行事といえば五節供を欠かせませんが、これは次の項目で取りあげたいと思います。

そのほかに現代にも残っている年中行事として、節分の行事はなさったことがある方も多くいらっしゃるでしょう。二月三日頃、立春の前日のみが節分であると理解されがちなのですが、本来は**立春、立夏、立秋、立冬の前日**を指します。『建武年中行事』という有職故実《ゆうそくこじつ》書には、

追儺《ついな》にて儺は字書に「疫を駆也《おう》」とみえて　十二月晦日《みそか》の夜

宮中に疫鬼を駆逐する儀なり

とありますが、この追儺の行事は室町時代になって節分の豆まきの行事に変わったといわれています。節分は鬼やらいとも呼ばれ、「福は内、鬼は外」と唱えながら豆まきを行うことは、江戸時代から一般的になったようです。豆まきのあとには、**年の数だけ豆を食べると無病息災で一年を過ごすことができる**という言い伝えがあります。豆まき以外にも、豆を炒《い》る火を用いて焼いた鰯《いわし》の頭や柊《ひいらぎ》の葉を戸口にさします。鰯の臭気や柊の鋭い葉先が鬼の目を刺すので邪気を追い払うと考えられています。最近はこの日に恵方巻《えほうま》きを食べることも浸透してきました。起源は江戸時代とされますが定かではありません。恵方とは歳神様《としがみさま》がいらっしゃる方向で、そちらを向き、願いごとを思い浮かべながら無言で巻き寿司を食べます。

それぞれの年中行事の意味を知ったうえで、祖霊を祭り、行事を楽しみながら一年を無事に過ごしたいものです。

五節供は願いと感謝のこころで迎える

三月三日は雛人形を飾り、甘酒を飲んでご馳走を準備する。
五月五日はこいのぼりや兜《かぶと》を飾り、柏餅《かしわもち》をいただく。
節供と聞くと、このように楽しくお祝いをすることを想像される方がほとんどではないでしょうか。しかし、節供には日本人の深い思いが込められてきたからこそ、現代にも続いているのです。

唐の時代に五節供は定められて日本に伝えられましたが、もともと日本には折り目節目の観念があったからこそ、特定の年中行事として定着したと考えられます。

節供とは、**季節の変わり目に不浄を清め、忌み慎んで神様をまつる節日**を指しました。その際に神様に捧げる供え物が供御《くご》と呼ばれ、のちにこれが節供になったといわれています。神様への供御を準備する理由、それこそに節供の重要な役割があります。

小笠原流の伝書には、

五節供には当季のものをいずれも三方に入れて出すなり

と記されており、季節の収穫物を供えて飾ることが基本にあります。

農作業が中心であった日本人にとって、五穀豊穣は何よりも大切なことでした。旧暦の五月五日は現在の暦では六月、すなわち梅雨《つゆ》の時期にあたります。したがって自然災害を免れるように祈ることは当然であったと考えられます。また、体調を崩しやすい時期でもありますから、家族が健康であることを願う気持ちも理解できます。

三月三日は中国でも忌むべき日、五月も悪月とされていましたし、節には悪鬼が跳《ちょう》梁《りょう》するともいわれていたのです。

ところが伝書を比べると、室町期、江戸初期、江戸中期では節供の捉え方に変化がありました。最初は**諸悪鬼を祓って五穀豊穣や健康を祈っていました**が時代が下るに連れてお祝いの色が濃くなり、今に至っています。

次に、五つの節供についても簡単に触れてみたいと思います。

年の初めにある節供は「人日《じんじつ》の節供」です。一般的にはあまり知られていない節供ですが、「人日」と呼ばれるのは、

正月七日節供始めとすること。一日鶏　二日狗　三日猪　四日羊　五日牛　六日馬　七日人　八日穀これなり。七日は人日として人の生《な》り初《そ》めつる日ともいえり

と伝書にあるように、七日を人の日と考えていたからです。この日はさまざまな災が人間に及ぼされるとされていたからこそ、**七草粥《ななくさがゆ》を神様に供えてそれをいただく**ことによって、邪気を祓い災から逃れたいと願ったのでしょう。

三月三日は上巳《じょうし》の節供ですが、桃の節供、女の節供とも呼ばれています。もとは旧暦三月初めの巳《み》の日を指しましたが、節日として固定してからは三日になりました。雛飾りが普及したのは、上流社会において豪華な人形を飾るようになってからです。

起源をたどると、平安時代に紙や草木などでつくった人形にけがれを移して水辺に流していた祓いの道具があり、それを用いて女の子が雛遊びをしていたことに由来するともいわれています。

源氏物語にも須磨《すま》に左遷された光源氏が、三月上巳の日に陰陽師《おんみょうじ》を招いて祓いをしたあとに人形を船に乗せて海に流したと書かれています。

こうした言い伝えが我が家にも残っていて、今でも特に上巳の節供には可能な限り、息子と一緒に和紙で人形をつくり、その人形で身体を撫《な》でてから川に流し、しばらく無言で人形が流れていくのを見送っています。

五月五日は月の初めの午の日がもととなって、端午の節供と呼ばれます。武家では端午の流鏑馬《やぶさめ》が行われましたが、ひいては兜や武者人形を飾ったり凧揚《たこあ》げをするようになり、江戸時代からは男の節供として定着しました。

滝を昇って竜となると信じられていた**鯉と武家の威勢を表す陣中の吹き流しが合わさって、こいのぼりができた**といわれています。

七月七日の節供は、七夕《たなばた》です。棚機《たなばた》つ女《め》と呼ばれる、機のそばで神様が来臨することを待つ乙女が、中国から伝わった彦星織姫の織姫と結びついて、七夕をつくりあげていきました。神様がお帰りになる翌朝には、村人が禊《みそぎ》を行ってけがれを持ち帰っていただくという考えからも、七夕は祓いの行事であったことがうかがえます。

一年のなかで最後の節供は、九月九日の重陽《ちょうよう》の節供です。数は陰陽に分けると、奇数が陽、偶数が陰となり、奇数の最も大きな数である九が重なることから、九月九日を重九《ちょうきゅう》ともいいます。

この日は菊の節供とも呼ばれますが、菊花をお酒に浸したものを飲むと災いを防ぎ、長寿を得るとも信じられていました。収穫祭として、農民の間では御九日《おくんち》が行われ、現在でも各地でこのお祭があります。小笠原家では、**重陽には菊を愛でる行事が優雅に行われていた**と聞いています。

私たちは、家族の幸福を願い、日々の暮らしを感謝する日を、毎年五回も迎えることができるということです。五節供の日には、季節の花々や収穫物を部屋に飾り、家族を思いやる機会をぜひ、積極的につくっていただきたいと思います。

将来へ伝えたい「八朔」と「亥の日」

馴染みの薄い年中行事はいくつもありますが、伝書には**五節供に次ぐ嘉日として、八朔《はっさく》と亥の子《いこ》**があります。

八朔とは、旧暦八月朔日（一日）の豊作祈願をもととする鎌倉時代から始まったといわれる行事です。早稲《わせ》のお米をかわらけ（うわぐすりをかけない素焼きの陶器）に入れ、ともに働いてきた農民同士がつまみあって収穫を祝いました。その後、農作物を贈る習慣が始まります。伝書には、次のように記されています。

今日（八月一日）を田のみということは確かなる本説はなけれども
後嵯峨院《ごさがいん》の御時《おんとき》より普《あまね》く用い来ると見えたり。
田にできたる米を人々の方を遣《つか》わし始めしよりおこれり

この習慣は武士にも根づき、主従関係や縁故関係を確認しあう贈答にもなっていきました。最初はお米をつまみあうだけのものが、室町時代には太刀《たち》や馬などが贈り物として用いられ、田の実としての意味が頼みあう、あるいは憑《たの》みの節供となりました。この贈答がイキミタマと同様にお中元の起源のひとつともいわれています。

九州では八朔を「たのみ」といってお神酒《みき》を田畑へ持参し、「作頼む」と唱えて秋の豊作を願うものとされています。また同日に虫送りなどの害虫駆除の祈願を行い、豊作を迎えようとする地方もあります。

新米の時期は場所によってさまざまですが、旧暦八朔の頃、すなわち九月を基本として親しい友人や仕事仲間とともに**新米をいただきながら実りの秋を楽しむ機会**をつくってみてはいかがでしょう。

また旧暦十月の亥の日に行われていた亥の子があります。この日は、亥の刻（午後十時頃）に中国から伝わった、お餅に穀類を混ぜてつくられる玄猪餅《いのこもち》または亥の子餅と呼ばれるお餅を食べて無病息災を祈る習慣があります。

一ヶ月の間に当てはめると、多い月で同じ十二支が三回あります。一の亥の日にはしのぶと菊、二の亥の日にはしのぶと紅葉、三の亥の日にはしのぶとイチョウをお餅の下に敷き、それを玄猪包みという折形で包んで用いられていました。

猪は武士の守り本尊である摩利支天《まりしてん》の使者であること、また田の神であり、さらには多産で縁起がよいとされていたからです。伝書には、紫色の小袖を着て宮中に出仕すると記されています。紫色を着る理由として、次のように記されています。

赤子といえども紫色もとなり

生まれたての**赤ちゃんの色は紫色なので、この色を着ることによって古きを改める**という意味が込められているのです。現在も十月、十一月になると亥の子餅が売られます。亥の日には紫色の服や小物を身につけて、亥の子餅をいただきながら家族や友人の繁栄を願う日を設けてもよいのではないでしょうか。

さて、十二月の最大の行事といえばクリスマスとなってしまった昨今ではありますすが、私は「煤払い《すすはら》」なくしてお正月を迎えることはできないと思っています。お正月の準備は年末のものとされがちですが、本来は十二月十三日に一年の煤を払い、掃除をした後に行うべきだからです。

昔は特に日が決まっておらず、吉日が選ばれていたようですが、江戸時代以降は十三日に行われることが多くなりました。また十二月十三日は「事始め」「正月始め」といって煤払い以外にも松迎えをしたり、注連縄飾り《しめなわかざ》りを綯《な》うなど、お正月の準備を始める日とされています。

煤払いには竹竿にわらや笹をくくりつけたものを使うのですが、各地のお寺や神社では煤払いの風景を拝見することができます。

お正月や五節供ですら知らないこどもたちが増加するなか、それ以外の年中行事を次世代へと受け継ぎたいと思うことは多くを望みすぎているのかもしれません。

しかし、新しい感覚で古くから伝わる行事を生活に取り込むことによって、普段は**忘れがちな周囲への感謝の気持ちに気づく**チャンスを得られるのではないでしょうか。豊かな時代だからこそ、積極的にさまざまな祭を見直していただきたいと思います。

先代や祖母と過ごしたお月見や七夕

「お月見の会をしよう」と先代にいわれ、門弟や知人たちとともにお月見をした思い出は数え切れないほどあります。

まずは上新粉《じょうしんこ》を練り、お団子をつくることから準備は始まります。縁側などに毛氈《もうせん》を敷き、三方にはお団子を盛り、秋の七草であるすすきや桔梗《ききょう》などを花器に入れ、燭台とともに飾ります。

主人　月などご覧のとき御灯火と有らば月の光のうせぬ様にあかしを少し用捨致して置く事

という伝書の教えをもとに、**燭台のまわりに奉書紙を巻いて明かりの加減をするこ**

とは、門弟にとって教えを実践できる大切な機会です。

祖母からは「お月見は一度でなく二度するとよい」と教えられました。読者の皆様はお月見が年二回あることをご存じですか。

最初のお月見はご存じの通り、十五夜です。

旧暦では七月を初秋、八月を仲秋、九月を晩秋と呼び、仲秋の十五日の月は「仲秋の名月」といってお月見がされます。別名「芋名月」とも呼ばれ、中国でもお月見の日に里芋が食べられます。お団子は、この里芋を模したのではないかという説もあります。したがって、**里芋を器に盛ってお月見の飾りとして用いてもよい**と思います。

もうひとつのお月見は、十三夜です。豆名月、栗名月ともいわれます。

十五夜と十三夜、どちらかの日のみお月見をすることは「片月見」「片見月」といって、避けるべきことなのです。地方によっては、十五夜と十三夜に綱引きをするところもあります。

さて、先代はたびたび、仕事で地方へ出かけていましたが、各地でお祭を見物したり、若い人なら参加する経験を重ねることも大切であると話していました。その経験こそ、伝統を継承するために必要であるからです。

またお祭に触れることで、人間性というか、**その人らしさ、ひいては日本人らしさ**をつくりあげることを周囲の人に語っていたようです。

お正月にまつわるエピソードも先代から聞きましたが、特に印象に残っているのは「ネ・カ・ボ」という、昔の奥女中の習慣です。

一月の三が日の間は、「ねずみ」「カラス」「坊主」をいってはいけないという規則で、それをいってしまうと罰金を取られてしまうということ。モーニングを着用するときはねずみ色の手袋をすることが基本だったところ、先代はわざと白い手袋を出して曽祖父の前に行くと、うっかり曽祖父が「違う。ねずみ色でないと」といって罰金を納めることになってしまったそうです。

また終戦直後、先代が「お国入り」という、領地に戻って祖先のお墓参りや報告のための行事で九州の小倉へ行ったときの話も印象深く残っています。

終戦後でも九州はしきたりを大切にする風習が残っていました。菩提寺参拝、歓迎晩餐会などさまざまな予定があり、家にいるとご機嫌伺いにいらっしゃるお客様を上段の間に座って待つ生活があったそうです。

たとえば栗の季節、先代が退屈しないようにと家職から庭に出て栗拾いをしないかと勧められました。喜んで下駄を履いて庭に出ると、ある男性が竹竿で栗を落とし、他の人が鋏《はさみ》でイガをはがしてくれる。先代が屈んでその栗の実をつまむと別の人が三方を持ってくれるのでその上に栗をのせて、また上段の間に戻る。しばらく待っているると、栗はゆでられた状態で高杯《たかつき》に盛られて運ばれてくる。さらに別の人が栗の皮をむいて、ようやく栗をいただくことができる——といった進行のもとに、準備されていた栗の行事は終わったということでした。

戦争中はとにかく物資不足で、庭にかぼちゃまで植えて生活をしていた先代にとって、こうした「殿様」として扱われることに応える演技には少々努力がいったものだと笑って話してくれました。

残念ながら、実際に祖母と年中行事を祝う機会はほとんどありませんでした。しかし自宅へ遊びにきてくれた際に**願いごとを書いた短冊と五色の糸をかけた笹竹**を見て「美しい」と誉《ほ》めてくれたことが嬉しくて、それからは自発的に七夕の準備をしたものです。

こどもの頃に習慣として身につけたことは、大人になってからも無理なく自然なかたちで行うことができます。

年中行事も日常の習慣としてこどもたちに伝えることによって、**自分本位にならず、周囲への思いやりを大切にするこころを育む**ことができるのではないかと思います。

第六章

伯爵家の慶弔

出欠はがきにも細やかなこころ配りを

レセプションや結婚披露宴など、出欠に関する返信はがきはどのようにお書きになっていますか。

文字の大きさや用いることばによって、印象が大きく異なるものです。はがきというのは誰の目にも内容が確認できるもの、すなわち略式であることを忘れてはなりません。そのことを認識すると、より丁寧な方法でお返事を書く気持ちが芽生えるのではないでしょうか。

実際に気をつけるべきポイントがいくつかあります。まずボールペンはカジュアルな印象をつくりますので、**筆、筆ペン、万年筆のいずれか**で文字を書きます。実際にボールペンを用いて書かれたものは、出欠はがきに限らず手紙の場合でも大半を占めているように思われるため、注意しましょう。

つぎに、「御出席」「御欠席」どちらかを消す場合、**一本線、または二本線、どちらで消すのが好ましいか**という質問をいただくことが時折あります。

人によって見た目の好みもあるかと思いますが、基本的には一本線で消します。結婚披露宴への出欠のお返事をする場合、線を引くのではなく、一文字ずつ「寿」で消すことがよい、とする考え方もありますが、見た目がすっきりせず、必要以上に相手への気持ちを前面に出しているようにも感じるため、おすすめいたしません。

欠席の場合、「御出席」と欠席の上にある「御」の文字を一本線で消したあと、その脇に「このたびはおめでとう存じます。出張のため出席できず誠に申し訳なく存じます」など、特に欠席する場合はことばを添えましょう。ただし、弔事に関することが理由の場合は、詳細をはがきで伝えることは控えます。

文字の消し忘れとして多いのは、「御芳名」の「芳」の字です。この文字も「御」と同様に敬意を表しますので、返信する際は消すことが必要です。

また手紙全般に共通することですが、自分の名前の大きさにも配慮が欠かせません。小さな文字は、元気のない印象をつくることがあります。だからといって、はがきの表側にある宛名より、自分の名前の文字が大きくなることは慎みに欠けています。常にへりくだる気持ちを忘れてはならないということです。

宛名といえば、個人名の場合は「行」を一本線で消して「様」に、会社や団体などの場合には「御中」とします。どちらも「行」の下に様や御中を書くスペースがない場合には、「行」の左側に書きます。たった一文字、二文字であっても相手の名前に添えるわけですから、丁寧に書くことが必須です。

「様」の種類についてはあとで改めてご紹介しますが、**墨やインクがかすれた文字にならないように注意する**ことも大切です。

さらにもうひとつのご提案としては、郵便番号を書き込むということです。返信はがきの裏側には、郵便番号を記入するスペースが設けられていないことがあります。はがきの表側、左下にある四角に郵便番号を書いておくと、先方がそのはがきをご覧になってお手紙をくださる際に便利なものです。

ところで、返信はがきはどちらかというと事務的な書き方に偏りやすい傾向にあるのですが、気持ちを込めて書く心得を身につけておくと、やわらかい印象をつくることができます。

また手紙と比べて修正液を用いたお返事が返信はがきには多く、それだけ注意が欠けている証拠ともいえます。案内状に同封される返信はがきは一枚のみですが、だからこそ、たった一文字でも間違った跡を修正したはがきを先方へ届けることは避けたいものです。

その一方で、案内状を受け取られる方々が同じ返信はがきを用いてお返事をなさることを考えると、書き方の心得として足りない箇所があった場合には、その点が歴然とわかってしまうことをこころに留めておくべきではないかと思います。

先代は返信はがきの場合でも、筆を用いて丁寧に、しかも必ずひとことを添えて送っていました。読者の皆様にも、**こころを込めて返信はがきを書く**ことによって、決して事務的にはならず、むしろ相手への気持ちを届けることができるものとして大切に扱っていただくことを願っています。

手紙を書くのは墨を磨るところから

相手に対する思いを手紙の文字にしたためて送る、その大切さがどれほどのものであるかを先代は教えてくれました。

現代では、便箋と封筒を用いることにも抵抗を感じ、依頼ごともお礼も、ましてやお詫《わ》びに関することまで電子メールを用いる人が増えるばかりです。しかし、いうまでもなく、直筆の文字に敵《かな》うものはありません。

先代は時折、折紙《おりがみ》（奉書紙《ほうしょし》と呼ばれる、約四十センチ×五十三センチほどの和紙を横半分に折ったもの）に**筆と墨を用いて、しかも候文《そうろうぶん》で手紙を書く**こともありました。

こうした手紙を受け取られた方々からは、先代が亡くなって十七年目になった今でも、「先代から頂戴《ちょうだい》した手紙は最初、候文で書かれていたので驚きましたが、読み返すたびに当時を思い出します」とそのときの喜びを伝えていただきます。門弟たちからも季節の贈答を送るたびに先代から毛筆でお礼状が届けられ、それらを大切に保管していると聞くこともあります。

ところで、話が脱線しますが、**ものの品質や人の能力などを示す**際に用いられる「折紙つき」ということばは、昔、この折紙と呼ばれるものが刀などの贈答品につけられたことに由来します。

まだ、私は折紙の形式で手紙を書いたことはないのですが、初めてお目にかかった方やお世話になった方への御礼を伝えたいときなど、できる限りすぐに筆やペンをとるようにこころがけています。なぜなら、どんなに感謝の念を深く持っているとしても、その気持ちは日を追うごとに薄らいでしまう可能性があり、相手に対する思いが伝わりにくいからです。

また先代が手紙を書くときにこだわっていたことのひとつに墨の色が挙げられます。ただ、硯《すずり》の上で墨を動かし、墨を磨《す》ればよいというのではありません。こころを穏やかに静めて一定の速度で磨ることが求められたのです。

私も先代にこころの乱れを覚られてしまい、何度か「こころを静かに保って」と苦言された記憶が残っています。

焦《あせ》ることなく、決して目には見えることのない時間をかけて丁寧に濃く磨った墨を準備するところから、手紙を書くことは始まっているのです。

さて、小笠原流に伝わる古文書にも記されている教えなのですが、相手の名前を書くときには、なるべく濃い墨色で書くことが丁寧です。

この考え方は万年筆でも同様であり、かすれた文字を書くことは失礼と心得なければなりません。なぜなら、相手の名前が薄くなってしまうことは、**墨やインクを十分に用意せずに手紙を書きはじめているという証拠**、すなわち相手を大切に思っていない気持ちを表してしまうからです。

ボールペンは万年筆と比べてインクの濃淡がなく文字の太さも一定なので趣を感じにくく、カジュアルで軽い印象をつくりやすいため、手紙に用いることはおすすめできません。

いずれにしても、特に相手の名前は字の上手下手ではなく、丁寧に一文字ずつ記すようにと、こころがけることが重要です。相手を敬う気持ちを表現するには、文中においてもさまざまなこころ遣いを忘れてはならないのです。

たとえば、相手の名前、相手に属するものや事柄、相手から頂戴したものなどについては、なるべく行の半分から上に記します。したがって、**相手の名前が行の下方にきてしまう場合は空白を残して次の行に移り、上方に書く**こころ遣いが必要です。

これに対して自分に関することについては、行の半分から下に記します。なぜなら、自己を慎み、へりくだる気持ちを表現することに繋《つな》がるからです。したがって、行の上方に自分の名前がきてしまう場合は、少々余白をつくってしまうとしても、なるべく下方に近づくようにこころがけましょう。

同様の考えから、最後の署名の文字は小さめに、相手の名前は大きめに書く配慮が大切です。

さらに、手紙は便箋一枚で書き終えることも多いのではないかと思いますが、そのような場合は必ず白紙の便箋を一枚添えます。この紙は「礼紙《らいし》」と呼ばれています。昔から紙は貴重なものであったため、白紙を付けることが礼を表し、また相手に対する思いが二枚目以降にも続いていることを示すのです。

人が身だしなみを整えるように、切手の貼り方や封の閉じ方もまた、身だしなみを考えなくてはなりません。切手が曲がって貼ってあるとだらしない雰囲気をつくってしまい、またのりで汚れた封じ目から清潔感を感じることは難しいと心得るべきです。

祖母は**季節に応じた切手選びにもこだわり**がありました。急ぎの用件で手紙を送る場合でも季節はずれの絵柄の切手を貼ることがないようにと、常に切手の補充をするよう、周囲の人に指示をしていました。

状況によって切手の絵柄を使い分けることも、送り手の楽しみのひとつではないかと思います。

清浄な白の便箋と封筒を用い、丁寧に手紙を書き、相手にこころを届ける。そうした機会を増やしてみてはいかがでしょうか。

選ぶことばにこころの豊かさが表れる

ことば遣いの乱れは若い世代に止《とど》まらず、中高年であっても驚くような品性に欠けることば遣いで話をしている人が何と多いことでしょう。初対面の人に対して敬語を用いることすら知らない人も増えています。美しいことばの響きを無視し、**ことばを省略して話すこともいかがか**と思えてなりません。

ところが、こうした傾向は日本のみならず、海外でも同様であると聞きます。そこで、現在は廃語となってしまったことばにあえて触れてみたいと思います。

たとえば、先代や祖母は曽祖母のことを「おたあさま（御母様）」または「おたたさま」と呼んでいました。お目にかかった方には「ごきげんよう」「ごきげんよろしゅう」と挨拶を交わし、「おいくつですか」と尋ねられたら「〇歳でございます」と受け答えすることは、幼稚園の頃から求められたといいます。

返事をしないこどもは躾《しつけ》がされていないと見なされ、大人と同様に正しい敬語で話すことが当然とされました。ことば遣いのみならず振る舞いに関しても、**こどもだから許される、ということは決してなかった**のです。

そこまでこどもに要求するのはいかがなものだろうか、というご意見もあるかもしれません。しかし、過保護が問題視される昨今において、こどもの頃から責任ある行動をとらせようとする大人の姿勢は、決して悪いことではないと思います。

ただし、親の職業や社会的立場で人間関係を構築しようとする思考は、こどもらしさに欠けるとしかいいようがありません。祖母は女子学習院へ通っていたとき、生徒間で「〇〇の戦い以降、私たちの祖先は何百年も話をすることがなかったのよね」などと歴史上の戦を話題に挙げ、歴史を持つ家柄の者同士のみが可能であった会話を聞くたびに、違和感を覚えたと話していました。

そのほか、「おみおてずまし＝手を洗う」「おひろい＝歩く」「おかんじょ＝お手洗い」など、正しいことば遣いというよりも、閉鎖的な社会のなかで「華族ことば」といわれる独特なことばで会話が進められていたのです。先代からは、兄弟姉妹間でのみ化粧室のことをなぜか「おねえさま」と呼んでいた、と聞いたことがあります。

また親子や兄弟間であっても、「あそばす」を最も丁寧なことば遣いとして、「れる、られる」の敬語と、ことばの選び方などで微妙にニュアンスを変化させながらことば遣いに段階を設けていたといいます。考えるだけでも気が遠くなります。

先代は幼少の頃、このようなことば遣いに、冷たい印象を抱《いだ》いていたそうです。つまり、丁寧なことば遣いは大切ですが、あまりにも隙のないことば遣いはこころの隔たりを招いてしまいかねない、ということです。

ところで、現代において「～ざぁます」と聞くと、上品なことば遣いと解釈する方がいらっしゃいますが、伯爵家で用いられることはありませんでした。「ざます」は**吉原で用いられていた遊里語だった**のですが、のちに女性たちの間で品格のあることば遣いとして取り上げられ、今でもその名残があるのです。

現代では違和感のあることば遣いや華族ことばのように、一般的に理解されにくいことばをあえて取りあげたのには理由があります。ひとつのものや事柄には、あらゆる表現が存在していることをご理解いただきたいからです。

背が高い人のこと、建物が大きいこと、壮大な景色のこと、それらすべてを「でっかい」というひとことで表す傾向にありますが、果たしてそれでよいのでしょうか。「おいしい」ではなく、「うまい」も女性が用いると粗野な印象をつくります。

また近年、男女ともにあらゆる対象物に「かわいい」という人も増加しています。「かわいい」は本来の意味を超えて優しい雰囲気づくりの役割ももっているという説もありますが、語彙《ごい》の乏しさはこころの豊かさを育てにくいのではないかと思えてなりません。なぜなら、**相手や状況に応じてどのことばを選んだらよいかと思いをめぐらす**ことが、相手への配慮に繫がると考えられるからです。それがないと、相手に失礼があったり、傷つけてしまうこともあり得ます。

とりあえず無難なことばを選んで話す習慣を失《な》くし、時・場所・状況に応じたことば遣いでコミュニケーションを円滑にする。美しいことばの響きと意味を持つ日本語を活用して、相手に対するこころを伝えましょう。

文字遣いに相手への思いを込める

ワープロで打ち出された文字は、どこか温かみに欠けます。それと比べて、**手書きの文字は美しさにかかわらず、優しい雰囲気をかもし出す**ものです。

ところが、特にビジネスにおける書状の多くは、ワープロの文字が使用される頻度が高く、直筆の文字に出会える機会は減少の一途をたどっています。手紙を通じて、せっかくこころの交流を深めるチャンスが訪れているのにもかかわらず、それを自らの選択によって逃すことは残念だと思われませんか。

そこで、小笠原流に伝わる手紙に関する心得をお伝えいたしましょう。

まず、一般的に「さま」は、旁《つくり》の下の部分を「水」と書く「様」が用いられますが、実際には三通りの文字が存在しています。

ただし、忘れてはならないことは、「さま」は上位の人に対して使用する文字のため、基本的にはどの「さま」であっても敬意を示しているということです。そのうえで、昔は相手の地位や相手との関係によって、「さま」の文字を使い分けていたと心得ましょう。

三通りの「さま」については、次の通りです。

「様」：上位の中において最も敬うべき人に対して用います。旁の下部は「永」と書きます。

現代ならば、社会的立場にかかわらず、**深い尊敬の念を抱いている人や恩師、あるいは特にお世話になっている上司**などに用いるとよいでしょう。

「様」：上位の中でも中間に位置する人に対して用います。旁の下部は「次」と書きます。

現代ならば、同僚や友人であっても、特にお世話になったことへの感謝を記したい、などというときに用いるとよいでしょう。

「様」：上位の中でも下に位置する人に対して用います。旁の下部は「水」と書きます。

通常は、この「さま」を用いるとよいでしょう。

先人たちは、こうした一文字にもこころを配ったわけですが、そのような配慮は「さま」だけに止まりません。

現代においても脇付《わきづけ》と呼ばれるものがありますが、小笠原流の伝書には、数多くの脇付が記されています。

脇付とは、宛名の様の左下に、小さく添えるもので、それぞれには意味があります。たとえば一般的に知られている「机下《きか》」は、文字のごとく机の下を指します。つまり、相手に直接手紙を差し上げることを控え、「あなたの机の下に置いておきますので、お手すきの際にご覧ください」という思いが込められているのです。「足下《そっか》」も机下同様に用いられています。

そのほかに、女性に対して「御前《おんまえ》に」「御許《おんもと》に」などという脇付があります。

いずれにしても、**相手の住まいや仕えている人へ宛てて送ることで、慎みの気持ちを表現する**ことが重要です。

さて、『書札《しょさつ》の次第《しだい》』という伝書の文中にある脇付のなかで、目上の方に手紙を差し上げる際に私自身が好んで使用している脇付は「尊床下《そんしょうか》」です。相手に対する敬慕の念を「尊」の一文字が表してくれるように思うからです。

また、手紙の心得として、「文書はすくすくと男のことばを書くべし」と伝書に記されています。

優しい気遣いを忘れずに手紙を書き進めることが重んじられたうえで、男性は男性としての誇りを失うことなく、ことばを選別しながら用いる心得も欠かすことができなかったのです。

さらに、一文字に対するこだわりとして、文字を略さずに楷書を用いることも礼を表現するひとつです。

たとえば、**宛名は丁寧にこころを込めて楷書で書きたい**ものです。返信はがきの宛名の下に「行」がある場合は、「行」を消して「様」を書きます。その一文字こそ楷書を用いましょう。

このようなことばに関する取りはからいを忘れないこころがけは、電子メールを送るときも同様です。

電子メールの誤字脱字は跡を絶ちませんが、あってはならないことと理解するべきではないでしょうか。

手紙や電子メールは、文字から印象が決定します。それだけに**相手に対して、冷たい印象を簡単に届けてしまう危険性**があります。だからこそ、日頃からこころを配ってことばを選ぶように努めたいものです。

#「包む」「結ぶ」に込められた意味

「お金は不浄のものとして扱うこと」、この心得はお金を差し上げる際に忘れてはなりません。お祝いごと、悲しみごと、あるいはお礼にと、現代においては何かとお金そのものが用いられますが、その歴史は短く、戦後からのことなのです。

では、現在用いられているお金の包みはどのようにしてつくられたかというと、もとはきな粉やごま塩などを包む、粉包みなどがもとになっていることが多くあります。

小笠原流では室町時代から、贈答品などを差し上げる際に必要な折形という、紙の折り方や水引の結び方を考案して今に伝えています。

なぜ、日本人は「包む」という文化を伝承してきたのか。それは、**一折一折に贈り主のこころを込めて折る**ことを目的としたからです。外国に行くと感じますが、日本以上に丁寧なラッピングをする国はないと思います。高級ブランドであっても、品物が入った箱にリボンを直接かけるだけのお店がほとんどといえましょう。

ところが最近はお金を包まずに渡す人が増えています。いくら会費制だからといってお財布から直接、会費を支払うことは美しくありません。

せめて、白い封筒の中におつりの必要がないようにぴったりの金額を、さらには**新札であらかじめ用意をしておく**ことが最低限の心得です。お金は不浄と考えるわけですから、新札を準備することは当然なのですが、そのように目に見えない準備の時間をとることも大切です。

さて、昔は白い紙を各家庭で用意し、その紙で包んだりおおうなどして贈答品を差し上げていました。古来より、紙は貴重品でしたので、公卿たちは手紙のやりとりにおいて用いる紙の白さを競っていたともいわれています。江戸時代までは紙そのものが贈答品であったことを考えてみても、白い紙で品物を包んで差し上げることは相手を大切に思うこころを表しているのです。

送り主の身のけがれを清める。品物を外界からの悪疫から隔離する。白い紙は、こうしたことを表現しているのです。

神様への供物は三方などの白木の台が用いられ、結納品をのせる台も同様に白木のものが用いられるのは、私たちの潜在意識にある、清浄感の現れといえます。

昔、折形は折紙と呼ばれ、古代においては依代《よりしろ》、形代《かたしろ》として扱われていましたが、陰陽道の思想や日本独自の美意識があいまって、折形と変化しました。

小笠原流においては、室町時代に四十種類以上の折形を完成していました。小笠原流のみならず、そのほかの故実家たちによっても折形は礼法の体系に組み込まれ、贈答に関して必要不可欠なものとして確立したのです。

江戸時代になり、経済的に豊かな町人の側から礼法を学びたいという声が高まり、一般の人々へ礼法が普及されるとともに折形も広まっていきました。礼法の基盤が一般的に築かれはじめたことや、贈答品として用いられていた高価な紙が生産技術の発展により手に入りやすくなりました。加えて、印刷技術により折形の解説書が出版されたことで、折形はますます普及したと考えられます。

折形が一般的になったのは喜ばしいことですが、それぞれの流儀に手が加えられたため、**江戸時代末期には四百から五百種類もの折形がつくられた**ともいわれています。

こうして生み出された折形には、水引がかけられて贈答品が完成します。水引はなぜ必要なのでしょう。包みに水引をかけることによって一層かたちが整えられるわけですが、水引が必要とされる理由はそれだけではありません。

それは、贈り主のこころを表現するところにあります。贈り主が己を律しながら、相手の方への気持ちを込めて結ぶことが重要なのです。

たとえば、結婚のお祝いやお香料は、いずれも「真結《まむす》び」または「あわび結び」を用います。その方の人生において一度限りと考えられることには、先端を引いてもほどけることのない結びを用います。

一方、何度重なってもよい祝いごとや日常の贈答品には、先端を引くとすぐにほどける「もろわな結び（蝶結び）」を用います。結び目を見ただけで、贈り主がどのような思いを込めて準備してくださったのかということがわかるのです。

贈る側だけでなく、受け取る側にも心得があればこそ、**贈答品を通じて交流を深める**ことができます。一方通行にならず、お互いのこころを通わせるためにも、折形や水引の知識を深めていただきたいと思います。

通夜と告別式の装いとマナー

「お通夜と告別式、どちらに伺ったらよいものですか」と質問されることがあります。それぞれの意味を知ることで、自ずとどのようにすることが望ましいのかがわかってくるものです。昔、日本においては土葬が中心でしたが、現代では一部の地域を除いてほとんどが火葬であり、火葬は文武《もんむ》天皇の頃から始まったといわれています。

本来、**通夜は近親者のみで行うもの**で、夫が亡くなると妻、親が亡くなると子、というように、家族が亡骸《なきがら》と同じ布団で寝て一晩過ごすという習慣もあったほどです。

死はけがれとして考えられていたため、近親者も同様に忌みがかっているとされ、そのけがれを他者に与えないように行動していました。

しかし、そのような考えも次第に薄れ、昨今では友人や知人など、近親者以外でも通夜に出る人が増えてきました。そこで忘れてはならないことは、通夜は故人を偲《しの》んで冥福を祈りながら別れを惜しむ席であるということです。

つまり、通夜は親しい間柄の人が集う場です。出張などの理由によって、告別式ではなく通夜の日でないとどうしても伺うことができない場合でないかぎり、通夜を弔問する人は葬儀と告別式にも参列することが基本です。

服装に関しては、あらかじめ日時が知らされる通夜は喪服でよいのですが、亡くなった直後に知らせがあり駆けつける場合は、あたかも亡くなることを予期していたとの誤解を招かぬよう、**落ち着いたグレーや紺色などの服を着用**します。

急遽、出先から駆けつけるために着替えることが難しい際には、アクセサリー類を外してお化粧も片化粧といわれるように薄くするなど、できる限り質素であることをこころがけます。

ところで、祖母が亡くなった夜、先代が病院へ駆けつけてきたときのことです。先代はスーツ、シャツ、ネクタイ、靴、すべてが白色に統一された装いだったのです。

私はその姿に驚いたものの、理由を尋ねることはありませんでした。

大人になってから「なぜ人が亡くなったところに白のスーツを着ていらっしゃるの

ですか」と先代に問いかけました。「白は清浄を表し、最も格の高い色でもある。さらに亡くなって間もないときに黒の喪服を着用すると遺族の目に強く映り、悲しみを増す原因にもなりかねない。白は昔から喪服としても用いられており、故人を偲んでいる気持ちを込めて白色を着る」と説明してくれ、ようやく白スーツの疑問が解けたのでした。

さて、着物の場合は、喪主や遺族は黒無地の五つ紋（または三つ紋）に黒帯を締めます。一般の弔問者は喪家よりも格を下げることが基本ですので、グレー、濃紺、抹茶色など落ち着いた色の無地の三つ紋（または一つ紋）に黒帯です。色無地は光沢感のない、なるべく地紋もないもの（ある場合には吉祥紋《きつしようもん》は避ける）を選びます。

通夜ぶるまいは、故人への供養とお清めをする意味があります。すすめられたらなるべくお断りはせず、**故人を偲びながら個人的な話は控え、長居はしない**ように注意します。

葬儀は、故人が成仏できるように遺族など近親者のみで行われます。

仏式の告別式は、友人や知人を含めて、最後のお別れをする儀式です。最近は葬儀と告別式を続けて行い、一般の会葬者も葬儀から出席することが多くなっています。神式では、葬儀を葬場祭（神葬祭）といって、そのあとに休憩が入ってから告別式に移りますが、昨今は仏式と同様に続けて行われる流れが一般的です。告別式では、一般会葬者も玉串を捧げます。

キリスト教では、カトリックとプロテスタントで式次第に違いがありますが、どちらも葬儀と告別式を分けずに一般会葬者も最初から参列することが基本です。

さて、葬儀と告別式のあとには、出棺、火葬、納めの式（神式では火葬祭）、骨あげがありますが、出棺を見送り、残った人によって後飾りの準備がされます。数段の祭壇または小机に白布をかけ、そこへ遺影、香炉、線香立て、鈴《りん》、葬儀の際に用いた生花や供物などを置きます。忌明けまで、遺骨はこの祭壇に安置します。

火葬場から家に戻ったら、お清めをして中へ入ります。遺骨、遺影、お位牌などを後飾りの祭壇に安置し、僧侶によって還骨勤行《かんこつごんぎょう》のお経が上げられ、喪主から順に焼香をします。昨今は**還骨勤行のあとに初七日の法要を繰り上げて行う**ことが多くなっています。

還骨勤行の後、精進落としの宴に入ります。

仏教では、四十九日までは肉や魚の生ぐさものを避けて過ごし、**忌明けから普段の食生活へ戻る、その最初の食事が精進落とし**です。しかし、現在は葬儀と同日にこの精進落としを行うようになりました。僧侶や葬儀委員長などお世話になった方に上座へ座っていただき、遺族は下座に着きます。精進落としは、葬儀でお世話になった方の労を労《ねぎら》う宴でもあります。

先代が亡くなり、一ヶ月ほど経ってから、ある方が小笠原流の教場を訪ねていらっしゃいました。その方が小学生だった頃、先代が礼法をご指導したそうです。先代の訃報を知らなかったため、告別式に参列できなかったのでお線香をあげたいということでした。その方がお焼香されている後ろ姿を拝見し、こころから先代の死を悼んでくださっていることが感じられ、人の気持ちはその人の姿から表れることを教えていただきました。

控えめなこころで、故人とのお別れの場を大切にしたいものです。

焼香・玉串・献花のしかた

故人との最後のお別れの場を訪れる際、**焼香や玉串などの手順ばかりに思考をめぐらせることは避けたい**ものです。美しい所作を実践することばかりが目的ではなく、真摯《しんし》な気持ちで弔問者として望ましい振る舞いを行うためには、こころにゆとりを持つことが必要です。

そこで、焼香、玉串、献花の作法について触れてみたいと思います。

焼香に関する作法は、宗派の数だけあるともいわれていますが、小笠原流では次のように行います。

〈焼香〉

①遺族や僧侶に一礼して、焼香台へと進む。

②遺影に向かって合掌礼をする。
③右手で抹香を取る。このとき、左手を右手首あたりに添える。
④右手を左手で受け、目の高さに押しいただく。
⑤抹香を静かに香炉に落とし、合掌礼をする。
⑥遺族、僧侶に一礼をしてから下がる。

〈線香〉

①遺族、僧侶に一礼して、線香台へと進む。
②遺影に向かって合掌礼をする。
③右手で線香を取る。抹香と同様、左手を添える。
④ろうそくで火をつけ、線香を左手に持ち替え、右手であおいで火を消す。決して**息を吹きかけて火を消さない**こと。
⑤右手に線香を持ち替え、線香台に立て、合掌礼をする。
⑥遺族、僧侶に一礼して下がる。

〈玉串〉

①玉串を受け取ったあと、低い高さにならないよう、胸の高さ程度に捧げて霊前へ進む（右手は指先で枝元、左手は葉のついている部分を下から掌《たなごころ》を上に向けて支える）。

②台の前で、玉串を押しいただいてから一礼する。

③時計回りに二回に分けて取り回し、霊前に正面が向くようにする。

④台に玉串を枝元から静かに置く。

⑤二礼二拍手一礼してから下がる。このときは忍び手といって、音は立てない。

〈献花〉

①花を受け取ったあとは、**玉串と同様に低い高さで持たないように注意**しながら、台まで進む（右手は花の根元、左手は花に近い部分を、下から掌を上にして向けて支える）。

②台の前で一礼する。
③時計回りに二回に分けて取り回し、霊前に正面が向くようにする。
④台に花を根元から静かに置く。
⑤遺影に目を向けて故人への祈りをこめて一礼する。

最近は無宗派の場合に通夜や告別式において、献花が行われることが増えましたが、その受け取った花を大切に扱わない人の姿が目立ちます。玉串も同様に、**台に置くまで丁寧に扱う**ことをこころがけましょう。

弔事の席では、故人や遺族の方に対する思いをことばではなく、態度で示すことを忘れてはならないと思います。

友人や知人に会った際には、故人に関する以外の話題は慎むことはいうまでもありません。

近しい人を亡くすとわかるものですが、亡くなった直後よりも、むしろ一ヶ月以上経ってからのほうが徐々に悲しみが深まります。

故人や遺族と親しい間柄の場合は、**告別式からしばらく経過した頃に、故人へ手向《たむ》ける花を持参して遺族を訪ねる配慮**も大切です。

何度もお伝えしますが、作法の根底にあるのはこころです。

悲しみの席では、普段以上に細やかなこころ遣いを持って、弔問に伺うように努めることを忘れないでいただきたいと思います。

略さないでほしい「迎え小袖」

「迎え小袖」とお聞きになっても、何を指しているのかまったく想像がつかないと思われる方がほとんどではないでしょうか。この「迎え小袖」、昔は結婚に関する習慣のなかで、**花嫁に対する迎え小袖**だけは省略しないようにという心得があったのです。「武家の女性としての役割」の箇所では、花嫁衣裳が白い理由のひとつとして、死装束でもある白の着物を身につけることは花嫁の覚悟を示しているとお伝えしました。強い決心のもとに嫁いでくれた花嫁に対して、花婿側はどのような迎え方をすることが望ましいのか。ひとつの答えが、迎え小袖なのです。

さて、礼法は一辺倒ではなく、伝書には「時宜《じぎ》によるべし」と記されていることはご紹介した通りです。婚礼に関しては、伝書にも正式な手順が示されているのですが、そのような箇所には「但し略儀などには其人のこころに任すべし」といった後書きがあります。

迎え小袖というのは、新郎の家紋をつけた反物を花嫁のゆきたけに合わせて仕立て、それを贈るならわしのことなのですが、

嫁入りの夜　聟の方より迎小袖とて小袖酒肴を遣わすもの也。同じく人によりて供の衆迄も小袖以下それぞれに随い遣わす事もあるなり

と花嫁だけでなくてお供についてきた女中たちへも小袖を贈る場合があったのです。

曽祖父の婚礼に関する資料を見ても、花嫁方への贈り物の数は考えられないほど多く、そのことからも**結婚は当人だけの問題ではなかった**ことがうかがえます。

ところで、この伝書には、

但　略儀のときはこころに任すべし。たとえ略儀にても迎小袖ばかりは遣わし候てよきなり

という後書きがあります。お供の女性たちへ渡す遣わし物は略してもよいが、花嫁への小袖はたとえ略式の場合でも贈るほうがよい、ということです。「時宜によるべし」を重んじる礼法において、この小袖だけは略さないようにとする心得に花嫁に対するこころ遣いが感じ取れます。

現代において、残念ながらこの迎え小袖の習慣はほとんど残っていません。しかし、京都にお住まいの方から、今でも結婚するときに花婿の家から花嫁に対して着物が贈られることがある、と伺ったことがあります。

このように花嫁を温かい気持ちで迎えようとすることは、現代にも活かすべきではないかと思うのですが、それは着物でなくてもよいでしょう。

私の知り合いの方は、息子さんの結婚式の日、無事に披露宴を終えてから「これから息子をよろしくお願いします」というメッセージとともに、**お嫁さんへご自身がお姑さんから受け継いだ宝石をリフォームして贈られた**そうです。恐らくその日から何年もの月日が流れていますが、その方はお目にかかるたびにお嫁さんのお話を楽しそうに聞かせてくださいます。それも、お嫁さんを迎える側に優しいこころ遣いがあり、その一方で嫁いだお嫁さんからのお姑さんに対する思いやりも存在するからこそではないかと思います。

武家の結婚は、**お互いの顔を見ずに結婚の日を迎える**、あるいは顔を合わせてもせいぜい二、三回程度であることが多かったようです。にもかかわらず、離婚するケースは少なかったのです。

しかし昔と違って、現代はお互いの家と家との結合というよりも個人の結びつきで結婚が成り立っています。結婚するのにも離婚するのにも「一族の恥」という概念が薄らいでいます。それだけに、どちらの場合も当人がその思いに至ると行動に起こすことが容易です。

先代はこうした傾向に対して、夫婦げんかで口論になりそうになったら、こころの中で「ムカエコソデ」と唱えてみなさいと門弟に話していました。

嫁ぐ側にも、迎える側にも、お互いを受け入れる覚悟をいつまでも忘れることなく、ほどよい距離感を大切にしながら思いやりを持ち続けることができれば、いつまでも

縁を絶やさずにすむことでしょう。
結婚を控えている男性や、その方のご家族に対して、迎え小袖の存在と意義をお伝えしながら、迎え小袖の普及に努めたいと思います。

第七章

伯爵家のおもてなし

引くことこそが日本の美学

秀吉と石田三成《いしだみつなり》の出会いに関する「三杯の茶」の逸話はご紹介するまでもなく有名な話ですが、相手へのこころ遣いというのは目に立たないからこそ素晴らしいものといえます。

秀吉が山寺を訪れた際、喉が渇いたためにお茶を所望しました。そこへぬるめの温度のお茶が大ぶりなお茶碗になみなみと入れられ、小坊主によって出されました。ぬるくて飲みやすいお茶で喉を潤した秀吉は、二杯目を所望しました。今度は、先ほどのものよりも小ぶりなお茶碗に**温度は少々高めで、量も控えたお茶**が出されました。さらにもう一杯を所望すると、今度はさらに小ぶりなお茶碗に熱めで少量の、しかも濃いめのお茶が出されました。

秀吉はこの小坊主の機転が利く対応に感心し、彼を小姓《こしょう》に迎えたのです。最初の一杯で喉の渇きを癒しながら、お茶本来の味を楽しめるように段階を経ていくよう加減した小坊主こそ、のちの石田三成です。

一杯目のお茶とともに「喉が渇いていらっしゃるので、お茶の量を多めにしました」などという説明があったなら、三成が小姓の列に加わることはなかったでしょう。質疑応答のない状況だったからこそ、三成の気働きが活きたということです。

相手にこころを合わせようと努めていることがそのまま先方に伝わると、単に煩わしい思いを与えるだけにすぎないこととなってしまいます。

相手に気づかせないなかで、相手のこころを満足させることは容易《たやす》くありませんが、それこそが日本の美しい文化ともいえましょう。

狂言綺語《きょうげんきご》を以って人に笑わるるを面目にする類の人を悪しきといえり

という教えのように、**相手を笑わせようと表面的なご機嫌とりをする**ことは現代においても好ましくありません。

周囲の人に楽しんでほしいと願う気持ちは大切です。それが行きすぎると、独りよがりでかえって自らの存在が迷惑をつくる原因にもなりかねないということです。目立った発言で人を楽しませる方法もありますが、**目立たないようで実は同席しているすべての人にこころを傾けて配慮を忘れずに行動できる**ことは素晴らしいと思います。

実際、私の友人にそのことを実践している人がいます。数名の食事会であろうと、数十名のパーティであろうと、友人は笑顔を絶やさずに一人ひとりに配慮をしながら、自分の話題は控えて、それぞれの人に発言の場をつくりながら居心地のよい雰囲気をつくりあげるのです。並大抵のこころ配りではできないことですが、まさに己を引くことができるからこそ、そこに美学が生まれるのでしょう。

着物の紋の大きさについても、引くことが大切であることを語っている伝書の箇所があります。

素襖袴　肩衣小袴《かたぎぬこばかま》などの紋の事…（中略）…さもとある人は只《ただ》目にたたぬが

能《よ》く御座候

身分の低い人は着物の紋で、誰のお供で来た人なのか、どの家に勤めている人なのかを判断されるために紋は目につきやすいほうがよいのですが、ある程度の身分を持つ人はその必要がありません。

先代は、着物につける紋を通常の大きさよりも控えめにしていました。私が副宗家になったお祝いに贈ってくれた訪問着には、やはり小さめな紋がつけられていました。そのときから**着物の紋は一般的なものよりも八割程度の大きさ**にしています。

引き算でおしゃれを楽しむことは、紋に限らずあらゆる装いに共通するのではないかと思います。

また、それは屏風《びょうぶ》を飾る際の心得にも見られます。

墨絵と彩色絵があれば　まず墨絵を上に立て　その次に彩色絵たるべし

と墨跡《ぼくせき》や墨絵が上にあると考えられていました。派手な色彩の絵ではなく、地味なものを好むのは、それだけが目立つことを好まなかったからです。

つまり、部屋のポイントとして絵を飾ることを目的とせず、和室の構造性からいっても**床の間や部屋のなかに沈み込むようなもの**を選び、控えめな調和を重んじるということです。

引くことの美学を現代の人々が取り入れることができるのなら、今以上に人間関係が円滑になることは間違いないのではないかと思います。

なにもない静けさがいちばん

「静けさを保つこと」、それこそが究極のもてなしです。つまり、煩わしさを与えないことが大切です。

たとえばすべてのお客様に対して、お客様がロビーや廊下をお通りなるたびに「○○様」とお名前をお呼びすることは果たして必要でしょうか。あるいは、お客様が旅館にチェックインしたあと、何度もお部屋へ係りの人が訪ねることは好ましいことでしょうか。

ひっそりとホテルのラウンジでお茶を召し上がりたいと思っている方、**旅館の部屋で日頃の疲れを癒したい**と思っている方にとって、構われるよりもむしろ関わらないことを望ましいと考えることは当然のことといえましょう。

この「関わらない」というのは、気遣いをまったくしない、ということではありません。相手には一見、関わっていないように思わせながら、自分が関わることが必要というときのために常にこころ配りは怠らない。そのような類の「関わらない」です。

女中近きところに何心なく伺候は心なき躰に候。ものなど仰せられ候時心なく御前近く候事有るまじく候

この伝書の箇所は、相手の近くに女性がいる場合、こころ遣いをせずにそばに近づくことや**女性と話をしているところへ入っていくことは、あってはならない**と説いています。つまり主人のプライバシーは守るべきことと考えていたわけです。

そのうえで、主人が用件を伝えようとしたり、敵に命を奪われそうになったときには即座に主人のもとへ行くことが求められたわけですから、気を抜く瞬間はなかったことでしょう。

もてなしに限ったことではありませんが、こころ遣いや振る舞いは目に立った瞬間から、相手のためでなく自己満足にすぎないと思えてなりません。

さりげなく相手に対する思いを届けるには、**足し算ではなく引き算の表現をすることが、日本のもてなし**ではないでしょうか。

日本の美は、この引き算があってこそ映えるものです。

床の間に一幅の軸を掛けるとき、地紙の風合い、墨の色や文字の趣、さらには表具の裂の古色と床の間の陰翳とあいまって、決して目に立つことのない深い慎ましやかな美しさをつくりだします。この控えめな調和が日本のもてなしには不可欠です。

また、もてなす側のみならず、訪問する側にも心得は必要です。

何も特別な知識を要するといっているのではなく、さりげないこころ遣いを汲み取る感性があるからこそ、引き算のもてなしが活かされ、そこにこころの交流が生まれるということです。

和室の床の間に、まるで野山に咲いている草花のように自然に、かつ質素に数輪の花が飾られる。その花の姿を美しいと思うのか、あるいは物足りないと思うのか。

豪華絢爛な花器に、たくさんの花々が活けられることだけが美しい空間をつくりだすのではないことを、日本人は知っています。無理がないこと、すなわち自然な姿に勝るものはないということもわかっているはずです。

さて、先代がお稽古の際に門弟たちに度々語っていたのですが、もてなしに関する次の話があります。

――二月頃に茶道の心得がある旧友が久しぶりに京都から訪ねて来るとする。季節を感じる掛け軸を使いたいのだが、あいにくぴったりくるものがない。

そこで紀貫之の「人はいざこころも知らず故郷は　花ぞ昔の香に匂いける」という歌を色紙にしたためて飾ることとする。なぜなら旧友ならば、この歌の前書きをわかっているに違いない。

つまり、貫之が梅の名所である初瀬天神に参詣するたびに宿泊させてくれた人の家へ久しぶりに訪れた際、その家の主人から「あなたのお宿は確かにここにあるのに、なぜしばらく訪れてくれなかったのか」といわれてこの歌を詠んだエピソードをわかっているはず。したがって、私が旧友を懐かしみ、泊まっていってほしいという気持ちを察して「今日、一泊させてくれないか」といってくれるかもしれない。

しかし、これは**茶道や和歌を通じて知り合った友人**だからできること。わからない人に対して同様にもてなし、あとからその趣向を種明かしするような鼻持ちならないことは避けなければならない――。

この例は、**高度な知識と遊びごころがなければ実現しない**ことでしょう。しかし、相手との関係、あるいは相手の趣味趣向を知ったうえでのもてなしというものは、こころの交流が無言のうちにもできることを教えてくれました。

特別なときだけでなく、日頃から静けさを保ちながら、さりげなく相手にこころを届けられるように努めたいものです。

相手を「察し」、自分を「慎む」

学生時代、消極的でなかなか自分の意思を友人に伝えられない私に、「お友だちの気持ちを考えながら話をする。それを続けることが大切」と母が教えてくれました。「一度ことばを発したら、それを取り消すことはできない。いつでも先を考えること」という祖母のことばは、今でも自己抑制に欠けてしまいそうになるとき、ふと脳裏を過《よぎ》ります。

自分の思いを相手に届けたいからといって、そのすべてを相手にぶつけることは、日本人が本来持っているはずの慎みの概念から外れます。

前項では自己抑制についてお伝えしましたが、自己主張を抑え、置かれている環境や状況、さらに**相手のこころを察しながら自分はどうするべきかと判断**する。一己ではなく、全体を考慮にいれた判断に伴う行動は、お互いの信頼感があるからこそ成り立ちます。

たとえば、

人の方へさし候ときは我口のあたらぬ所を取りまわし候ていただき置くべし

というお酒の作法があります。潔癖性の強い日本人が同じ盃でお酒を飲むには、自分の口が触れた部分を相手の方へ向けないようにと気遣います。さらに自分の使用した盃を今度は相手が使うことを考慮し、その盃を捧げるようなかたちを取って敬意を示してから台に置く。これに対して、

あなたの口のあたりたる方をいただき候てのむべし

とあります。相手は、自分が口をつけた部分を避けて飲めるように盃を置いてくれるわけですが、**あえて相手の口のあたったところから飲む**ことが礼儀でした。

現代において、特に若い世代の人は相手が口をつけた食べ物や飲み物であっても、何の抵抗もなく口に入れることができる人が増えました。しかし、昔はそうしたことは不潔とされて考えられなかったのです。

ところが、その不潔さをも超えて同じ盃を用いることによって、連帯感を生み、信頼の証を互いに確認しました。まさに互いのこころを察すればこそ、その振る舞いによって絆を深めることができたのでしょう。

さて、昔から人を招くときには席次で頭を悩ませることがあるようです。「人前にまじわるこころ持ちのこと」と始まる伝書の一説には、

高座をこころがくるは田舎人のわざなり。一人上臈《ひとりじょうろう》とて片腹痛きことなり

と記されています。上座に着きたいと思うことは洗練されていない人の発想であり、**独りよがりのお山の大将のようなもので片腹痛い**、と戒めているわけです。

ときには特別に扱われると満足感を得ることがあるかもしれませんが、そうしたと

きこそ「一人上臈」の四文字を思い出して、慎みを取り戻したいものです。

一方、特別に遇してほしいと願う人に対し、相手の思いを察して行動するべき状況があるかもしれません。そのような人には、社会人としての常識の範囲を超えない程度に、また見返りを期待せず、先を推測しながら対応することが望ましいでしょう。

ところで「察する」を重んじる際、自分の考えを先行させてはなりません。たとえば仕事の取引先の方を食事にお招きしたあと、「この近くのお店で軽く飲みませんか」と誘うといたしましょう。

相手の方が「明日は仕事が早いのでそろそろ失礼いたします」とおっしゃっているのに、「遠慮なさらないでください」と**さらに誘いのことばをかけるのは、ときに迷惑**なこととなってしまいます。「実は風邪を引いていて体調が優れないため、申し訳ありませんが今日のところは……」などといわせてしまう前に、相手の体調を表情などからも察しなければ、こころを通い合わせることはできません。

自分の思考に相手を当てはめようとしないこと。それには、まず慎みを忘れないことです。

世の中には、どうすればその思いに至るのだろうかと途方に暮れそうになる状況も存在します。

そのすべてを察することはできませんが、**できるかぎり相手に不快感を与えない**ように努めることは大切です。

「私はこう思う」ではなく、「相手はどう思うのだろうか」をまず念頭に置く。日本人として先人たちから受け継ぎ、さらに伝えていくべき伝統文化のこころは「慎み」と「察する」であることを実感する今日この頃です。

気持ちのよい空間をつくるために

自己を抑制するには、礼法の根底にあるこころを欠かすことができません。それは、日常のあらゆる場面で必要とされます。

たとえば**食事の席でおかわりをするとき**には、

再進を請けるときは次の上に一礼して次の下の請ける間は
少し待つこころをして菜などいろいて下の者　再進を請けて喰うべき也

という心得があります。まず自分よりも上座にいる人に一礼する。次に、自分のおかわりのご飯が運ばれてきても、下座へのおかわりがくるまではお膳のおかずでもいじって待っていましょう、ということです。

上の立場の人へだけでなく、下の立場の人へも慎みの気持ちを忘れずに振る舞うことが重んじられている点からも、この作法が考えだされた理由を感じ取ることができます。

また、現代では「糖質ダイエット」などでもお米は太る原因として敬遠されることがありますが、農耕が中心だった日本人にとって、お米は欠かせないものでした。

昔は、主食であるお米を食べるために菜（おかず）の存在があったのです。そこで、

菜を喰う時　二色も三色も一度に喰うことあるまじく候

とおかずばかりに興味が惹かれることを「移り箸」といって戒め、**必ずご飯とおかずを交互に食べる**ようにしていました。

現代においても、あれもこれも美味しそうなおかずだからといって、お箸を迷わせる「迷い箸」は、慎みがなくいやしい箸遣いとされています。

さらに、食事全体の心得としては、

扨《さて》　喰いようは何にてもそと喰える　よきなり。こころに任すべからず候

という具合に、**静かに食事をすることが好ましく、自分の思うままに進めてはならない**とされていました。自己抑制をこころがけることが楽しい食事の場には欠かせないということです。

前述にも登場した小笠原家の先祖の一人である忠真は、当時、自ら家来たちにお茶を点《た》てることがありました。家来にしてみれば自分の仕えている殿様のお点前《てまえ》であるため、そのようなお茶の席では緊張したのも当然のことかもしれません。

ある日、お茶席をあとにした家来が帰りの路地で「肩が凝った」と両手を上げてあくびをしました。何とその姿を障子の隙間から忠真によって目撃されてしまいます。そのあとは、かなりのお叱りがあったようですが、最後までこころを残して自己抑制に努めれば、こうしたハプニングには陥らないはずです。

忠真は、家来に対して厳しかった反面、礼法における把握の確かさや礼に対する思

いは並大抵のものではなかったと伝えられています。

自己抑制は、後ろ向きに捉えてしまうと自己犠牲を払っているという誤解を受けてしまいます。

しかし「抑制」は「犠牲」ではなく、相手のみならず自分を含めて最も心地よい空間をつくり出すための手段にすぎません。すなわち、周囲に対する積極的な気持ちの働きかけがなければ、自己抑制は完成されないのです。

自己を抑えることは、その先に**相手の幸福のみならず、己の幸福**があります。

自分さえ我慢すればよい、と犠牲になることばかりに焦点があてられてしまったら、こころが前向きにはなりにくいものです。それでは、途中でこころが折れてしまうなどして、長続きしません。

自己を抑制できると、自分自身の気持ちも軽やかになります。ひとつのことにとらわれてしまうと、本当に大切なことを見失う危険性があります。

問題が起こったときにはそれを解決する努力は大切なのですが、いくら最善を尽くしても回避することが難しい場合は、潔くその事実を受け入れる——。こころを留めることなく、次の段階に向かうには、**果敢さゆえの自己抑制が大切**なのではないでしょうか。

戸惑いがこころに生じたときこそ、自己抑制に取り組みたいものです。

相手の幸せが自分の幸せ

幸せは各々のこころのなかにあります。相手の幸せに喜びを感じることができるとするならば、さらにその幸せな思いは増すばかりです。

祖母はたびたび、お寺は亡くなった人のためだけにあるところではない。生きている人が迷ったり、苦しんだりしているときに、励ましながら明るい方向に気持ちが向くよう、**一緒に仏の教えから光を導き出す力添えをする**役割があるのだと語っていました。

そのために、祖母だけでなくお寺の尼僧さんたちは日々、修行を重ねて精進しながら、悩んでいる人たちのカウンセラーとして相談にのったといいます。祖母が亡くなったときには、多くの弔問者から「お祖母様に助けていただきました」とのことばを頂戴しました。

祖母は相談にのるたび、すべての人が明るい光を取り戻せたかどうかは定かではないが、**こころに闇を抱えていた人が笑顔で山を降りていく姿**を見送ることは自身の幸せでもあったとも話していました。

私は日蓮宗に入信したわけではありませんが、講演や研修で参加されている方々に話をする際、「仏の光はどのような隙間からでも差し込むもの」という祖母のことばを幼いときに聞いたことを思い出します。

企業研修などでは、意欲的に参加を希望しなくても業務の一環として席に座っている方もいらっしゃいます。そのような方々の表情は険しかったり、眠たそうだったりして、ひと目で興味がないことがわかります。

まだ講師としての経験が浅かった頃、どうしたら皆様のこころをこちらに傾けることができるのだろうかと悩んだときもありました。何年も前のことですが、差している傘が折れてしまうほどの豪雨のなかを、多くの方が講演に参加してくださったときのことです。

壇上から参加者の方々を拝見するだけではなく、参加者の側から自分を見ることができたのです。恐らくそれまでの私の話は、相手を察することに欠けていたのではないかと思います。

現在も会場にいらっしゃる全員の方への配慮が完全とはいえませんし、引き続き努力を重ねなければならない点もあります。しかし、講師として現場に立つ回数が増えるほど、気持ちにゆとりが生まれ、時には聞いている側の立場で話を進めることが可能になったのかもしれません。それからは、講演終了後、会場にいらっしゃる方が笑顔で拍手をしてくださるたびに、こちらが幸せを頂戴している思いでこころが満たされるばかりです。

礼法をお伝えすることで、話を聞いてくださる方々のこころに光が差し込むきっかけをつくることができたらと願いながら、これから先も講師という立場を大切に務めていきたいと思っています。

さて、どのような職業においても、すべての工程を自分一人だけで完成する仕事はまずありません。たった**一人でも生きていけるなどという考えは、心得違い**ではないでしょうか。

常に周囲への感謝の念があってこそ、幸せが訪れると思えて仕方ないのですが、最近は「ありがとう」のひとことを、こころを込めて相手に伝えられる人が少なくなっているように思います。よほど何かの事情により、皮肉めいて発せられた「ありがとう」は別として、通常は相手から感謝の気持ちを伝えられて不愉快になるとは考えにくいことです。

身近な人に対して、素直なこころで感謝を表現することは難しいかもしれません。だからこそ、伝えることが大切なのです。「言わなくてもわかってくれているはず」は、自分本位にすぎません。

特段、大切に思っている人には、何に関しても相手に喜んでほしいと願うものですが、それを計算しながら行動するのは不自然なことです。不自然なことから真の喜びは生まれにくいものです。相手からの自分への評価や思いを高めたいと思いながら行動してしまうと、煩わしさを与える可能性があります。

直接、相手の目に映ることのない時間やこころの働きを費やしてこそ、**ことばでは言い表すことができないほどの深い感動や喜び**を相手に届けることができるのではないでしょうか。

見えることだけを信じるのではなくて、見えないものを信じることは、人間関係になくてはならないと思っています。見えることばかりを追ってしまうことは簡単ですが、それではバランスを保ちにくいとも考えています。

相手のこころは目に見えません。だからこそ、あらゆる思考を巡らせて自分はどう振る舞うべきかを判断するのです。

相手の幸せをも自分の幸せと思えるように、命の続く限り、**こころを磨いていきたい**ものです。

〈著者プロフィール〉
小笠原敬承斎（おがさわら・けいしょうさい）
小笠原流礼法宗家。前宗家の小笠原忠統（小笠原惣領家第32世、元伯爵、1996年没）の実姉・小笠原日英尼公の真孫。東京都生まれ。聖心女子学院卒業後、イギリスに留学。副宗家を経て、1996年に就任。700年の歴史を誇る武家の礼法・小笠原流を現在のマナーに生かすべく、普及に務める。門下の指導にあたるとともに、各地での講演、研修、執筆活動に従事。主な著書に『美しいふるまい』（淡交社）、『美人の〈和〉しぐさ』（PHP研究所）、『誰からも好かれる社会人のマナー』（講談社）、『誰も教えてくれない 男の礼儀作法』（光文社）、『賢人のアピール術』（共著、幻冬舎）などがある。

小笠原流礼法宗家本部 http://www.ogasawararyu-reihou.com/

伯爵家のしきたり
2014年1月25日 第1刷発行

著 者 小笠原敬承斎
発行人 見城 徹
編集人 福島広司

発行所 株式会社 幻冬舎
〒151-0051 東京都渋谷区千駄ヶ谷4-9-7
電話 03(5411)6211(編集)
03(5411)6222(営業)
振替00120-8-767643
印刷・製本所：中央精版印刷株式会社

GENTOSHA

ISBN978-4-344-02523-3 C0095
幻冬舎ホームページアドレス http://www.gentosha.co.jp/

この本に関するご意見・ご感想をメールでお寄せいただく場合は、
comment@gentosha.co.jpまで。